Irene M. Beier

Herausgeber: Wassilios E. Fthenakis

Aufgaben und Grenzen: Professionelle Distanz im Berufsfeld pädagogischer Fachkräfte in der Kita

1. Auflage

Bestellnummer 12743

Bildungsverlag EINS
westermann

Die in diesem Produkt gemachten Angaben zu Unternehmen (Namen, Internet- und E-Mail-Adressen, Handelsregistereintragungen, Bankverbindungen, Steuer-, Telefon- und Faxnummern und alle weiteren Angaben) sind i. d. R. fiktiv, d. h., sie stehen in keinem Zusammenhang mit einem real existierenden Unternehmen in der dargestellten oder einer ähnlichen Form. Dies gilt auch für alle Kunden, Lieferanten und sonstigen Geschäftspartner der Unternehmen wie z. B. Kreditinstitute, Versicherungsunternehmen und andere Dienstleistungsunternehmen. Ausschließlich zum Zwecke der Authentizität werden die Namen real existierender Unternehmen und z. B. im Fall von Kreditinstituten auch deren IBANs und BICs verwendet.

Die in diesem Werk aufgeführten Internetadressen sind auf dem Stand zum Zeitpunkt der Drucklegung. Die ständige Aktualität der Adressen kann vonseiten des Verlages nicht gewährleistet werden. Darüber hinaus übernimmt der Verlag keine Verantwortung für die Inhalte dieser Seiten.

service@bv-1.de
www.bildungsverlag1.de

Bildungsverlag EINS GmbH
Ettore-Bugatti-Straße 6-14, 51149 Köln

ISBN 978-3-427-**12743**-7

westermann GRUPPE

INHALT

INHALT

VORWORT

Seit über 30 Jahren arbeite ich als Leiterin von verschiedenen Kitas und seit fast 20 Jahren als Fortbildnerin. Insbesondere bei den Fortbildungen erlebe ich immer mehr, dass Erzieherinnen* unsicher sind: Was darf ich den Eltern sagen, wo darf ich mich abgrenzen? Was sind meine Aufgaben und wo enden diese? Was kann ich tun, wenn die Eltern eine Grenze überschreiten?
Oder auch: „Wie sag ich es der Chefin?“, wenn diese etwas fordert, was ich nicht möchte, oder was nicht unbedingt zu meinen Aufgaben gehört.
Auch im Kontakt zu Kindern ist eine professionelle Abgrenzung notwendig, um ihnen eine starke und klare Präsenz zu bieten, die Zuverlässigkeit ausstrahlt. Nur so können Sie den Kindern eine entwicklungsfördernde Beziehung bieten.
Der professionelle und gleichzeitig wertschätzende Kontakt zu Kindern, Eltern und Kollegen ist immer ein Thema, zu dem – nicht nur bei Berufsanfängern – viele Unsicherheiten herrschen. Dies wirkt sich sowohl auf die berufliche Zufriedenheit als auch auf Arbeitsqualität und Gesundheit aus.
Ich habe viele Menschen im sozialen Bereich kennengelernt, die am liebsten „die ganze Welt“ retten wollen. Wenn sie dann feststellen, dass dies nicht gelingt, wollen sie wenigstens die Kinder und Familien in ihrer Gruppe retten. Wenn sie – manchmal nach einer Fortbildung bei mir – merken, dass sie das nicht schaffen können, dann wollen sie wenigstens ein bestimmtes Kind noch retten. Und dabei verlieren sie viel Kraft.
Hier gilt folgende Empfehlung: Kümmern Sie sich erst einmal um sich selbst, dann haben Sie auch genug Kraft für andere. Wie schon die Flugbegleiter bei den Sicherheitshinweisen vor jedem Flug erklären: Setzen Sie die Sauerstoffmaske zuerst sich selbst auf und helfen Sie dann den anderen.

* Aus Gründen der sprachlichen Vereinfachung wird vorrangig die weibliche Form verwendet. Selbstverständlich sind damit Personen jeglichen Geschlechts gemeint.

VORWORT

Denn wenn Sie selbst keine Kraft mehr haben, können Sie auch für andere Menschen keine Unterstützung mehr sein.

Das vorliegende Buch soll Ihnen bei der Klärung Ihrer Position und der im Berufsalltag notwendigen Abgrenzung helfen. Theorien werden mit Beispielen aus der Praxis verdeutlicht, die Ihnen wahrscheinlich bekannt vorkommen werden. Bei dieser Reihe von verschiedenen Buchtiteln wird besonders großer Wert auf den direkten Bezug zur Praxis gelegt. Die klaren Handlungsanregungen können Sie gleich in der Kita umsetzen.

„Mit gutem Beispiel voranzugehen, ist nicht nur der beste Weg, andere zu beeinflussen, es ist der einzige."

(Albert Schweitzer)

1 Einleitung mit einem Beispiel aus der Praxis

In diesem Buch finden Sie einige Theorien und Methoden die mit Fallbeispielen aus der Praxis verdeutlicht werden. Diese können Ihnen helfen, sich klarer über die Aufgaben und Grenzen in Ihrer Kita-Arbeit zu werden. Sie finden unterstützende mögliche Vorgehensweisen. Natürlich gibt es unterschiedliche Herangehensweisen – so wie es auch nicht die eine Lösung gibt, sondern immer individuelle Lösungswege. Dieses wird u. a. deutlich bei der Erläuterung der möglichen Herangehensweisen bei den praktischen Beispielen.

Die Grundlage des Buches ist der systemische Ansatz, welcher ausführlich beschrieben und im Buch Resilienz (Bestellnummer 12745) mit weiteren Beispielen näher erläutert wird.

EIGENE NOTIZEN

Ein Fallbeispiel zur Einführung ins Thema

Ein neues Kind – die einjährige Paulina Meier – soll aufgenommen werden. Erzieherin Nina wird die Eingewöhnung übernehmen und hat bereits ein Aufnahmegespräch geführt. Dabei hat sie Paulinas Mutter das Vorgehen und ihre Aufgaben als eingewöhnender Elternteil erläutert. Frau Meier hat Nina gesagt, dass sie in drei Wochen wieder anfängt zu arbeiten. Bis dahin muss die Eingewöhnung abgeschlossen sein.

Die Mutter erscheint pünktlich mit Paulina in der Kita. Zunächst läuft alles erwartungsgemäß. Beim ersten Trennungsversuch hat Nina den Eindruck, dass es Frau Meier schwerfällt zu gehen. Paulina weint. Auch die beiden nächsten Trennungen verlaufen ähnlich. An eine längere Trennung ist nicht zu denken.

VARIANTE A

Nina spricht mit Paulinas Mutter und erklärt ihr noch einmal: „Sie müssen Paulina eigentlich loslassen und sie mir übergeben, damit die Eingewöhnung gelingen kann." Frau Meier nickt:

> *„Ja, ist gut. Ich muss ja auch eigentlich in zwei Wochen arbeiten gehen, bis dahin muss es klappen."*

(Zur Verwendung des Wortes „eigentlich", siehe S. 65)

Sie wirkt aber nicht überzeugt und etwas hilflos. Nina hat den Eindruck, dass Frau Meier ihr Kind gar nicht abgeben möchte, sie würde es vielmehr am liebsten gleich wieder mit nach Hause nehmen. Dies geht aber nicht, weil sie ja bald arbeiten muss. Nach zwei Wochen ohne wesentliche Fortschritte gerät Nina unter Druck. „Warum schaffe ich es nicht, dass Paulina sich hier wohlfühlt?", fragt sie sich.

Auch Frau Meier wird unruhig und verstärkt ihrerseits den Druck:

> *„Sie müssen es mit Paulinas Eingewöhnung irgendwie schaffen, ich geh in einer Woche arbeiten!"*

Paulina klammert immer mehr. Nina macht sich viele Gedanken: Wie soll das werden, wenn die Mutter arbeiten geht und Paulina in der Kita bleiben muss: Sie wird weinen und schreien. Sie wird leiden und wie reagieren die anderen Kinder? Lassen sie sich anstecken und weinen auch? Machen sie Rückschritte in der Eingewöhnung? Sie findet, es ist ihre Verantwortung, dass Paulina bis zum Arbeitsbeginn der Mutter eingewöhnt ist, also muss es gehen, irgendwie.

Bewertung des Falls vom professionellen, systemischen Standpunkt aus: Nein, es ist nicht Ninas Verantwortung! Der hier beschriebene Fall kann mithilfe des sog. Dreiecks der Verantwortung angeschaut werden (s. Kap. 2.3, S. 35).

VARIANTE B

Nina spricht mit der Mutter und erklärt ihr noch einmal, dass die Mutter der sichere Hafen für ihr Kind ist und bleibt. Sie bietet Unterstützung an:

„Ich sehe, es fällt Ihnen schwer zu gehen und Paulina hier zu lassen. Stimmt das?"

> *„Ja, sie ist doch noch so klein! Und meine Schwiegermutter sagt auch, ich sei eine Rabenmutter, weil ich die Kleine so früh abgebe."*

„Ah, ich verstehe. Das ist sicher schwer. Kann ich etwas tun, um es Ihnen zu erleichtern?"

> *„Nee, nicht so richtig."*

Nun könnte Nina unter Druck geraten, weil sie das Problem der Familie lösen will, die schließlich auf das Einkommen der Mutter angewiesen ist.

Bewertung des Falls vom professionellen, systemischen Standpunkt aus: Nein, Nina muss das Problem der Familie nicht lösen! Mithilfe der Tanzbereiche, die zur Verdeutlichung von Kompetenzbereichen auf S. 27 vorgestellt werden, kann der Fall angeschaut werden. Das Bild der Tanzbereiche kann Ihnen dabei helfen, sich vom Problem der Familie klarer abzugrenzen und die eigenen Zuständigkeiten zu erkennen.

VARIANTE C

Beim systemischen Vorgehen beschreiben Sie Ihre Wahrnehmung, ohne zu werten oder zu interpretieren. Sie geben keine Ratschläge (s. S. 13 und S. 25). Sie bieten auch keine Lösungen an. In der Beschreibung des Problems wird dies deutlicher und gleichzeitig findet sich hierin die Lösung (s. S. 23).

Definition: Systemische Beratung
In erster Linie geht es bei der systemischen Beratung darum, die Ressourcen und Kompetenzen des zu beratenden Individuums bzw. der zu beratenden Gruppe und des jeweiligen sozialen Systems zu stärken. Um diese Vorgehensweise zu betonen, wird die systemische Beratung oftmals auch als „ressourcenorientierte Beratung" bzw. „lösungsorientierte Beratung" bezeichnet. Ein weiteres Merkmal der systemischen Beratung ist, dass sie überwiegend prozessorientiert ist.

Zurück zum Fallbeispiel. Ein an der systemischen Vorgehensweise orientiertes Elterngespräch könnte folgendermaßen aussehen:

Nina bittet Frau Meier zu einem kurzen Elterngespräch in einem ruhigen Raum außerhalb des Gruppenraumes. Sie spricht an, was sie wahrgenommen hat: „Wir haben nur noch eine Woche bis zu Ihrem Arbeitsbeginn und die Eingewöhnung von Paulina ist noch ganz am Anfang. So, wie ich Paulina erlebe, wird sie es übernächste Woche sehr schwer haben, ohne Sie hier zu bleiben." Frau Meier:

„Ja, das befürchte ich auch, aber was sollen wir denn machen? Ich muss ja arbeiten."

„Ja, das ist wohl auch der Grund, warum Sie Paulina in die Kita geben, oder hätten Sie sie sowieso angemeldet?"

„Oh, nein, wenn ich nicht arbeiten müsste, wären wir jetzt nicht hier."

„Okay, wissen Sie, wenn Sie Paulina nicht hierlassen wollen, spürt Paulina das natürlich und die Eingewöhnung ist für sie sehr schwer."

„Meinen Sie, sie merkt das? Aber ich muss ja arbeiten, wir brauchen das Geld ganz dringend. Lust habe ich ja nicht. Ich würde lieber noch mit Paulina zu Hause bleiben, aber mein Mann sagt, das geht nicht."

„Frau Meier, ich verstehe, dass Sie im Zwiespalt sind. Und genau diesen spürt Paulina und das verunsichert sie: Was will Mama: soll ich hierbleiben und mich wohlfühlen oder besser nicht?"

„Oh je, wie kann ich ihr denn bloß helfen?"

„Kinder brauchen klare Aussagen der Eltern, z. B.: Das darf ich, das darf ich nicht. Darauf können sie sich dann verlassen und das gibt ihnen Sicherheit."

„Dann muss ich wohl noch mal in mich gehen und mit meinem Mann sprechen. Und wir entscheiden gemeinsam, was wir machen."

„Okay, das klingt gut. Können Sie mir morgen Ihre Entscheidung mitteilen?"

„Ja, das wird schwer, aber ich mache das."

2 Der systemische Ansatz als Grundlage professioneller Distanz

In diesem Kapitel werden neben dem systemischen Ansatz einige für die Kommunikation wichtige Theorien beschrieben. Dieses Hintergrundwissen kann das Umsetzen einer professionellen Distanz erleichtern. Die Beispiele dienen der Verdeutlichung und die Aufgaben können helfen, das Wissen zu verinnerlichen.

EIGENE NOTIZEN

2.1 Der systemische Ansatz und seine Grundannahmen

Der Ursprung des systemischen Ansatzes ist die systemische Familientherapie. Diese wurde ab 1950 im Wesentlichen von Nathan Ackerman (1908–1971) und seinem Schüler Salvador Minuchin (geb. 1921) entwickelt. Die Familientherapeutin Virginia Satir (1919–1988) hat diese weiterentwickelt – u. a. durch die Familienskulptur und die Familienrekonstruktion. Sie wird daher auch als die „Mutter der systemischen Familientherapie" bezeichnet.

„Hinter dem Systemischen Ansatz steht eine bestimmte Art, die Wirklichkeit zu sehen und daraus therapeutische und beraterische Herangehensweisen abzuleiten.
Systemisches Arbeiten nimmt nicht das Individuum als defizitär in den Blick, sondern geht davon aus, dass Menschen stets versuchen, sich so an ihre Umwelt anzupassen, dass diese in ein Gleichgewicht kommt, selbst wenn dies oft ein Leiden zum Preis hat.
Im systemisches Denken kann therapeutisches oder beraterisches Handeln nicht darauf zielen, von außen gesteuerte Veränderungen herbeizuführen, sondern es ist nur möglich, Impulse in ein System zu geben, das dadurch in Bewegung kommt und möglicherweise neue, für alle Beteiligten dienlichere Konstellationen findet."

(Systemische Gesellschaft. Deutscher Verband für systemische Forschung, Supervision und Beratung e. V.: Systemischer Ansatz, unter www.systemische-gesellschaft.de/systemischer-ansatz/ [15.09.2017])

Bei der systemischen Sichtweise wird eine Person nie isoliert, sondern immer **im Zusammenhang** (Kontext) gesehen mit den Menschen, von denen sie umgeben ist.

„Was wir als „Wirklichkeit“ bezeichnen, entsteht im Dialog, im Gespräch. Das, was wir für wirklich halten, haben wir in einem langen Prozess von Sozialisation und Versprachlichung als wirklich anzusehen gelernt. Die gemeinsame Sichtweise davon, was als „Wirklichkeiten“ in einem System erlebt wird, ist sehr weitgehend bestimmend für Glück oder Unglück, Zufriedenheit oder Unzufriedenheit.“

(von Schlippe/Schweitzer, 1998, S. 89)

Menschen agieren immer unterschiedlich, und zwar abhängig vom jeweiligen System (Gruppen von Menschen). Systeme sind z. B. die Familie, der Sportverein, die Arbeitskollegen oder die Kitagruppe. Jedes System funktioniert nach eigenen Regeln und seine Mitglieder finden ihre Position darin und verhalten sich entsprechend. Sie kennen das: Es gibt in jeder Gruppe einen Anführer, eine besonders stille Person, jemanden, der gern im Mittelpunkt steht, einen Rebellen usw.

Jedes System hat eigene Wertvorstellungen und Leitsätze (Paradigmen). So kann ein und dieselbe Person in der einen Gruppe für ein identisches Verhalten Anerkennung bekommen, während sie in einer anderen Gruppe dafür verachtet wird.

BEISPIEL

Ein Jugendlicher betrinkt sich mit seinen Freunden und wird für die Menge Alkohol, die er verträgt, bewundert. Dasselbe Verhalten würde zu Hause in seiner Familie vermutlich Ärger und eventuell Strafen zur Folge haben.

Das erste System, das jeder kennenlernt, ist die Familie. Es beginnt mit einer Beziehung zwischen zwei Menschen.

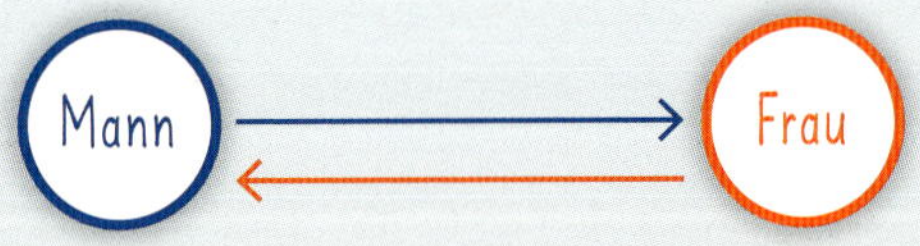

Paarbeziehung ©Beier

Zwei Menschen – ein Mann und eine Frau oder auch ein gleichgeschlechtliches Paar – lernen sich kennen. Viele kennen das wahrscheinlich aus eigener Erfahrung: Am Anfang ist jeder noch unsicher, denn er weiß noch nicht, welche Vorlieben, Wertvorstellungen oder welches Familienbild der Partner/die Partnerin hat. Alles ist neu. Alle Menschen versuchen vertraute Verhaltensweisen wiederzufinden, um die neuen Erlebnisse mit bekannten Mustern zu verbinden. Manchmal glückt dieses, manchmal führt es zu Missverständnissen, weil zwei Menschen aus derselben Handlung unterschiedliche Schlüsse ziehen. Daraus folgen entsprechend teilweise unerwartete Äußerungen und Handlungen.

Das Paar und später die Familie kann man sich als Mobile vorstellen.

„Bei einem Mobile kann man alle Elemente, völlig unabhängig von ihrer Größe und Form, in einen Gleichgewichtszustand bringen …“

(Satir, 2004, S. 187)

Mobile: Paar ©Beier

Es braucht eine Weile, bis alle Beteiligten ihren Platz gefunden haben und das Mobile ausgewogen hängt.

Jeder Mensch macht seine Erfahrungen mit anderen Menschen – zunächst mit seinen Eltern. Dann erweitert sich der Kreis: Großeltern, Tanten und Onkel, Geschwister, Freunde der Eltern, eigene Freunde, z. B. aus der Kita, aber auch fremde Betreuungspersonen. Alle diese Erfahrungen werden gesammelt.

In diesem Zusammenhang ist ein Rucksack ein gutes Sinnbild, in ihm werden die gemachten Erfahrungen gesammelt und überall mit hingenommen. Neue Menschen, die wir kennenlernen, verhalten sich meistens etwas anders als vertraute Personen. Dadurch werden Erfahrungen erweitert und neue Eindrücke gesammelt, die ebenfalls „in den Rucksack gepackt“ werden. So haben sowohl der Mann als auch die Frau ihr gepacktes Rucksäckchen dabei, wenn sie sich kennenlernen. Und nun werden die bisherigen Erfahrungen erweitert und angepasst.

„Jedes Mitglied eines Systems ist ein wichtiger Faktor bei der Aufrechterhaltung oder Veränderung des Systemzustands."

(Satir, 2004, S. 187)

Dies zeigt sich besonders auch bei einem uns auffälligen Verhalten, das meistens dazu dient, das System im Gleichgewicht zu halten (S. 21).

Nun gibt es den Partner ja nicht allein, sondern er hat eine Herkunftsfamilie, Freunde, Arbeitskollegen.

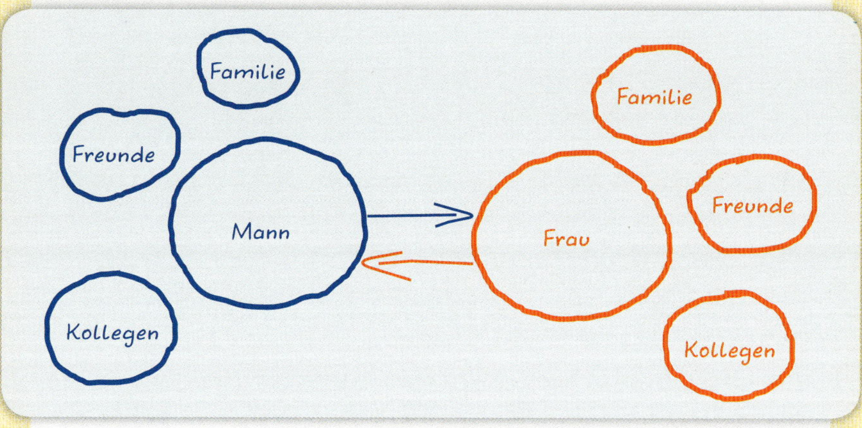

Mann und Frau sind jeweils Teile unterschiedlicher Systeme ©Beier

Es ist immer wieder spannend, den Partner oder die Partnerin das erste Mal mit anderen Menschen zusammen zu erleben. Zum Beispiel fragt sich die Frau: „Wie verhält er sich, wenn seine Mutter dabei ist, wie geht er mit mir dann um? Wie geht er mit ihr um?" Alle kennen sicher Menschen, die sich allein ganz anders verhalten, als wenn der Mann/die Frau dabei ist. Und es gibt auch Menschen, bei denen kein Unterschied zu bemerken ist.

Jedes Verhalten macht Sinn, wenn man den Zusammenhang (Kontext) kennt, in dem es stattfindet.

Dies ist eine der Grundannahmen im systemischen Ansatz (s. hierzu auch S. 21). Daher kann es sein, dass sich jemand in einem anderen System ganz anders verhält, als es bislang bekannt war. So hat im System „Paar“ ein Mensch einen anderen Platz, andere Aufgaben und beachtet andere Regeln als in der Großfamilie, am Arbeitsplatz oder im Freundeskreis.

Wenn das Paar ein Kind bekommt, ändert sich vieles – wie bei einem Mobile, wenn es um ein Teil erweitert wird. Aus dem Paar, das eine Zweierbeziehung führt, wird eine Familie mit drei Personen. Aus Mann und Frau werden zusätzlich Mutter und Vater. Genauso, wie die Frau mitbekommt, wie ihr Mann mit ihr umgeht, wenn seine Eltern (Kollegen, Freunde) dabei sind, registriert sie nun, wie er mit ihr als Mutter umgeht. Sie bemerkt: Verhält sich mein Mann mir gegenüber anders, wenn unser Kind dabei ist? Was ist anders? Wie fühle ich mich dabei? Die Frau erlebt ihren Mann als Vater und wie er mit dem Kind umgeht. Das Gleiche erlebt der Mann umgekehrt mit seiner Frau.

Das Kind wiederum bekommt genau mit, wie die Mutter mit ihm umgeht, wenn beide allein sind und wie ihr Verhalten ist, wenn der Vater dabei ist (umgekehrt natürlich auch). Außerdem registrieren Kinder sehr genau, wie ihre Eltern sich ihnen gegenüber verhalten, wenn Oma und Opa da sind, z. B.: Dann darf ich Süßes essen, sonst eher nicht.

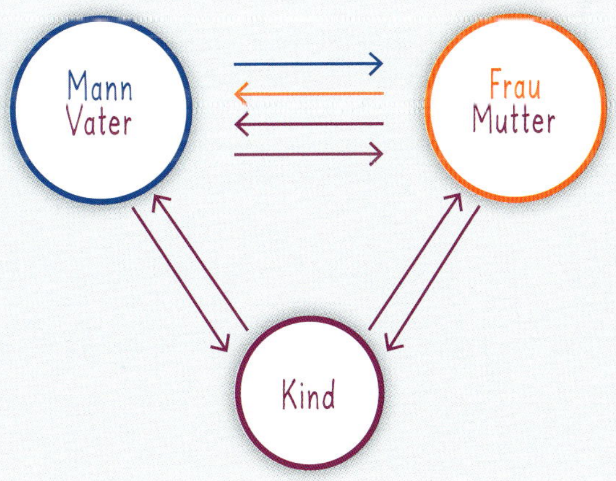

Aus der Paarbeziehung werden Eltern, eine Familie entsteht. ©Beier

Bekommt die Familie ein zweites, drittes Kind, wird dieses Beziehungsgeflecht erweitert und noch komplexer. Jeder nimmt jedes Familienmitglied in allen Rollen bzw. Positionen wahr: Die Mutter registriert die Beziehung zwischen Vater und dem zweiten Kind und umgekehrt, und gleichzeitig zwischen den einzelnen Kindern untereinander und zu sich selbst.

Mobile: Familie ©Beier

Diese Beschreibungen gelten für alle Systeme, so auch für die Kita: die Kleinteams, das gesamte Team, die Gruppe, das ganze Haus. Sie bemerken sehr genau, wenn ein Kind fehlt, denn die Gruppe verhält sich anders.

BEISPIELE

- *Fehlt z. B. das laute und rebellische Kind, fällt dies meistens besonders auf. Oft übernimmt dann ein anderes Kind den „frei gewordenen" Platz als Rebell.*
- *In der Eingewöhnungszeit sind Eltern viel länger in der Gruppe als sonst. Wahrscheinlich ist vielen Erzieherinnen schon aufgefallen, dass sie selbst sich dann anders verhalten, als ohne Eltern im Raum. Auch wissen sie, dass sich die Kinder anders verhalten, wenn ihre Eltern hospitieren. Besonders deutlich wird dies oft beim Verabschieden: Gerade noch haben die Kinder geweint und geklammert, aber sobald die Eltern außer Sicht sind, ist alles gut, und sie beginnen zu spielen. Das Klammern und Weinen gehörte in den Kontext des Familiensystems. Im System der Kindergruppe ist dieses Verhalten nicht mehr notwendig. Hier ist ein anderes Verhalten sinnvoll.*

An diesen Beispielen erleben Erziehende täglich, dass das jeweilige Verhalten vom Zusammenhang abhängig ist, in dem es stattfindet, und diesem entsprechend Sinn macht.
Betrachten wir wieder das Mobile: Jede Veränderung zeigt sich sofort u. a. durch Bewegung im System, denn alle Beziehungen hängen zusammen.

AUFGABE allein

Suchen Sie sich drei Systeme aus, in denen Sie gut verankert sind, z. B. Familie, Kita-Gruppe mit den Kindern und der direkten Kollegin, Sportgruppe, gesamtes Kita-Team, Großfamilie. Beschreiben Sie für jedes System Ihren jeweiligen Platz und Ihre jeweilige Rolle. Überlegen Sie: Wie agieren und reagieren Sie in den jeweiligen Zusammenhängen? Gibt es hierbei Unterschiede oder Übereinstimmungen?

AUFGABE im Team

Bearbeiten Sie diese Aufgabe am besten unter Anleitung oder mit Moderation im gesamten Team oder in den Einzelteams. Setzen Sie sich zusammen und schauen Sie: Wer von Ihnen hat welche Rolle? Sehen das alle so? Wo eröffnen sich unterschiedliche Wahrnehmungen bei gleichen Situationen? Was ist im Kleinteam anders als im gesamten Team?

Überblick über systemische Grundannahmen

Wie bereits ausgeführt, kann der systemische Ansatz dabei helfen, menschliches Verhalten besser zu verstehen. Dem systemischen Ansatz liegen folgende Grundannahmen zugrunde.

1. Jedes Verhalten macht Sinn, wenn ich den Kontext verstehe

„Alles Werdende aber hat notwendig irgendeine Ursache zur Voraussetzung, denn ohne Ursache kann unmöglich etwas entstehen."

(Platon, 427 v. Chr.)

Im systemischen Ansatz ist ein Grundsatz: Jedes **Verhalten macht Sinn**, wenn ich den Kontext verstehe. Der systemische Ansatz beschreibt, dass sich Menschen in verschiedenen Systemen entsprechend ihrer Position und Rolle bzw. der diesbezüglichen Erwartungen verhalten. Manchmal wundern sich pädagogische Fachkräfte über ein unangemessenes Verhalten oder über ein auffälliges Verhalten eines Kindes. Wenn dann der Zusammenhang betrachtet wird, erklärt sich oft vieles.

Das eingangs beschriebene Fallbeispiel der Eingewöhnung zeigt dies ganz deutlich (s. S. 9). Nina wundert sich, dass es Paulina so schwerfällt, in der Kita anzukommen. Woran liegt das? Auf Nachfragen ihrerseits erzählt Paulinas Mutter, dass sie gar nicht arbeiten gehen, sondern am liebsten mit Paulina zu Hause bleiben möchte. Dieser Zwiespalt überträgt sich auf das Kind, und es verhält sich entsprechend unsicher. Das ist der Zusammenhang, der sowohl das Verhalten der Mutter als auch das des Kindes erklärt.

Zusammenhänge von Beziehungen

Jedes Verhalten macht Sinn. Verhält sich ein Kind oder auch ein Erwachsener auffällig oder für uns unverständlich, können wir uns fragen:

- Was hat das Kind/die Person davon?
- Welchen Vorteil hat es/sie davon?
- Was würde dem Kind/der Person fehlen, wenn es/sie dieses Verhalten ablegen würde?
- Wem nützt dieses Verhalten?
- In Beisein welcher Personen (in welchem System) zeigt das Kind/die Person dieses Verhalten?
- Wofür könnten die anwesenden Personen dieses Verhalten brauchen? Was haben diese Personen davon?
- Inwiefern trägt dieses Verhalten dazu bei, das entsprechende System zu stabilisieren?

Auf diese Weise können Zusammenhänge hergestellt und Ursachen für ein Verhalten gefunden werden. Aus diesen Erkenntnissen werden die nächsten pädagogischen Handlungsschritte abgeleitet. Wenn wir allerdings den Sinn eines Verhaltens nicht verstehen, werden unsere Reaktionen teils unangemessen und auf jeden Fall wirkungslos sein.

AUFGABE allein

Suchen Sie Situationen aus Ihrem Kita-Alltag, in denen Sie sich über ein Verhalten, eine Reaktion gewundert haben. Überlegen Sie, was ein sinnvoller Zusammenhang sein könnte. Welche geänderten Konsequenzen ergeben sich aus den gewonnenen Erkenntnissen über den Sinn des Verhaltens? Welche Änderungen Ihres pädagogischen Handelns leiten Sie daraus ab?

AUFGABE im Team

Suchen Sie eine Situation aus dem Team, z. B. aus der Teambesprechung, oder aus Ihrem Kita-Alltag, in der Sie sich über ein bestimmtes Verhalten/eine bestimmte Reaktion gewundert haben oder ratlos wurden. Suchen Sie gemeinsam nach den Hintergründen, die das Verhalten der Beteiligten haben kann und stellen Sie diese in einen Zusammenhang. Dabei bleiben die einzelnen Kommentare ohne Bewertung.

2. In der Beschreibung liegt die Lösung

Im systemischen Ansatz gibt es einen Grundsatz: In der Beschreibung des Problems wird dieses deutlicher, und gleichzeitig offenbart sich beim Beschreiben die Lösung.
Die meisten werden dieses Phänomen aus eigener Erfahrung kennen: Wenn Sie bei einer Entscheidung unsicher sind und z. B. mit Ihrer Freundin darüber sprechen und ihr die Situation erklären, dann klärt sich Ihre Frage scheinbar wie von selbst.

BEISPIEL

Tanja will sich ein neues Kleid kaufen. In der Stadt findet sie zwei schöne Kleider, ein rotes und ein grünes. Die Entscheidung fällt ihr schwer. Sie ruft ihre Freundin an und beschreibt ihr die Kleider: was ihr an dem einen gut gefällt, welche Unterschiede es gibt, sie schildert Vor- und Nachteile. Ihre Freundin hört zu und stellt vielleicht ein paar Fragen.

Vielleicht hört sie schon an der Art, wie Tanja über die Kleider spricht, welches sie kaufen wird. Während Tanja die einzelnen Vorzüge schildert, klärt sich ihre Meinung, und sie findet ihre Entscheidung.

Es gibt nicht die eine Lösung für alle. Jeder findet seine eigene Lösung und nur diese Lösung kann erfolgreich umgesetzt werden. Erzieherinnen können den Eltern helfen, ihre eigene Lösung zu finden. Durch gezielte Fragen (offen und zirkulär) fordern sie die Eltern auf, ihr Problem („Mein Kind trödelt morgens, weil es nicht in die Kita will.") zu benennen und zu beschreiben. Durch offene Fragen ermuntern sie die Eltern, sich noch einmal an die Situation zu erinnern und diese zu beschreiben: „Beschreiben Sie bitte mal, was genau am Morgen passiert." „Wie ist der Ablauf morgens, bevor Sie in die Kita kommen?" Das zirkuläre Fragen erweitert den Blick über die reine Information hinaus auf die Beziehungen der Beteiligten zueinander. Außerdem verdeutlicht diese Art zu fragen, dass das Verhalten im Kontext mit dem Beziehungsgefüge steht. Zirkuläre Fragen ermöglichen den Eltern einen Perspektivwechsel: „Wie würde Ihr Sohn den Ablauf am Morgen beschreiben?" Um diese Frage zu beantworten, müssen die Eltern sich in ihren Sohn hineinversetzen, sich hineinfühlen, wie es ihm in der Situation geht. Es kann gedanklich eine dritte Person hinzugeholt werden: „Wie verhält sich Ihr Mann, wenn Ihr Sohn trödelt?" Dadurch betrachtet die Mutter die Situation aus der Sicht ihres Mannes und kann die andere Beziehungsstruktur erkennen.

Dabei achten die pädagogischen Fachkräfte darauf, eng am Thema zu bleiben und folgen dem Prozess im Gespräch. Nach der Beschreibung ist der Blick dabei lösungs- und ressourcenorientiert.

Den Fokus darauf zu lenken, was die Familie oder eine Person nicht kann, ist sinnlos. Es schwächt die Person, wodurch es ihr viel schwerer fällt, mit voller Kraft nach einer Lösung zu suchen. Der Blick auf die Stärken bewirkt Zuversicht und verleiht Kraft für eine positive Veränderung.

„Zentral ist die Annahme, dass jedes System bereits über alle Ressourcen verfügt, die es zur Lösung seiner Probleme benötigt – es nutzt sie nur derzeit nicht."

(von Schlippe/Schweitzer, 1998, S. 124.)

Die Fähigkeiten und Kompetenzen finden wir, indem wir gemeinsam eine Lösung finden.

„Lösungsorientiertes Denken steht im pragmatischem Gegensatz zu Defizit-Konzepten …“

(von Schlippe/Schweitzer, 2003, S. 124)

Für pädagogische Fachkräfte kann es sehr entlastend sein, wenn der Druck weg ist, einer Familie oder Kollegen eine Lösung für ein Problem präsentieren zu müssen. Jeder Mensch trägt selbst die Verantwortung für das Entwickeln eigener Lösungsstrategien und deren Umsetzung.

3. Ratschläge sind auch Schläge

Im systemischen Ansatz findet sich folgender Grundsatz: **Ratschläge sind auch Schläge.**
Ratschläge kommen immer von oben herab und signalisieren: „Ich weiß es besser als Sie, deshalb kann ich Ihnen einen Ratschlag geben“. Die Folge ist: Der Empfänger des Ratschlages fühlt sich unterlegen, reagiert eventuell mit Abwehr und hört auf, sich selbst Gedanken zu machen. Eine weitere mögliche Folge von Ratschlägen ist, das der „Geschlagene“ die Ratschläge nicht annimmt.

BEISPIELE

* Ein Kind in der Gruppe sagt: „Mir ist so langweilig“ Die Erzieherin antwortet: *„Wir können doch ein Buch anschauen, das mit der Feuerwehr magst du doch gern.“* „Nee, keine Lust.“ *„Spiel doch mit Franz in der Bauecke.“* „Nö, Franz ist doof.“ *„Du kannst ja ein Bild für deine Mama malen.“* „Nein, Malen ist langweilig.“ Das kann er unendlich fortsetzen. Keine dieser Vorschläge/Ratschläge findet Zustimmung. Eine der Ursachen hierfür ist, dass die Erzieherin sich Gedanken für einen anderen Menschen macht (Näheres zum Thema Kopfkino, s. S. 92). Das klappt selten bis gar nicht.

* Auch das kennen viele wahrscheinlich aus eigener Erfahrung. Wie reagieren Sie, wenn Ihnen jemand Ratschläge gibt? *„Ich bin ganz traurig, weil meine Kollegin heute ihren letzten Arbeitstag hat."* „Na ja, nicht traurig sein, die Neue ist bestimmt auch ganz nett." Die Frage ist, ob Ihnen derartige Äußerungen weiterhelfen. Wahrscheinlich ist dies nicht der Fall.

Manchmal probieren diejenigen, die um Rat gefragt haben, den Tipp aus – vielleicht in guter Absicht, vielleicht auch schon mit dem Gefühl: Das klappt sowieso nicht.
Der Beratene kann die Empfehlung nicht umsetzen und kommt zum Ratgeber zurück mit der Erwartung, weitere Ratschläge zu erhalten.

Auf Ratschlage kommt oft die Antwort: „Ja, aber ...". „Ja, das habe ich schon ausprobiert, aber ..." „Ich habe es ja versucht, aber ..." Sie werden so etwas bestimmt schon gehört haben: *„Bitte kommen Sie morgens etwas früher, damit Peter am Morgenkreis von Anfang an teilnehmen kann."* „Das schaffe ich nicht, er will sich ja morgens nicht anziehen." *„Legen Sie ihm die Sachen doch schon am Abend zurecht, dann geht es morgens schneller."* „Das habe ich schon versucht, aber dann er will natürlich eine andere Hose anziehen."

Die Antwort **„Ja, aber ..." heißt „Nein"**! Diese Antwort ist ein guter Hinweis darauf, dass ein Ratschlag gegeben wurde.

AUFGABE allein

Denken Sie an den Tag, der hinter Ihnen liegt: Welche Ratschläge haben Sie gegeben? In welchen Situationen haben Sie ein „Ja, aber" gehört? Was hätten Sie stattdessen sagen können?

AUFGABE im Team

Jede/-r beschreibt eine Situation aus dem Alltag, in es ihr/ihm schwerfiel, den Ratschlag wegzulassen. Suchen Sie gemeinsam nach alternativen Formulierungen.

2.2 Abgrenzung von Kompetenzbereichen

Im pädagogischen Bereich wird oft davon gesprochen, dass die Eltern die Experten für das Kind seien. Manchmal fällt es den pädagogischen Fachkräften schwer, dieser Aussage uneingeschränkt zuzustimmen. Das kann daran liegen, dass die Eltern ihre Kinder anders behandeln, als die Erzieherinnen es für gut halten, z. B. wenn das fünfjährige Kind Krimis im Fernsehen sehen darf, ein Kind Süßigkeiten zum Frühstück dabei hat, obwohl es doch schon zu Übergewicht neigt usw. Und trotzdem und gleichzeitig sind die Eltern die Experten für ihre Kinder! Sie sind die **Experten** für ihre Kinder in ihrem Familiensystem (s. Kap. 2.1, S. 15). Die Eltern – und auch die Kinder – wissen sehr genau, wie ihr System „Familie" gut funktioniert, wer welche Rolle spielt, wer welche Aufgaben zu erfüllen hat. Sie wissen auch, wodurch dieses funktionierende System gefährdet werden könnte und schützen sich entsprechend. Veränderungen werden meistens gemieden, denn so wie es jetzt ist, ist es allen vertraut.

Im System der Kita sind dagegen die Erzieherinnen die Experten für das Kind, z. B. in der Gruppe. Dort wissen sie, welchen Sinn das Verhalten des Kindes in der Gruppe macht, sie kennen seinen Platz in der Gruppe und seine Stärken im Umgang mit einzelnen Kindern und Erwachsenen.

Manchmal wollen Eltern in den Kompetenzbereich der pädagogischen Fachkräfte eingreifen: „Also, ich möchte, dass Sie jeden Tag mit meinem Kind rausgehen!" „Ich möchte, dass Melissa mittags nicht mehr schläft, ich kriege sie abends nicht ins Bett!" Manchmal wollen auch Erzieherinnen in den Kompetenzbereich der Eltern eingreifen: „Sie lassen Ihr Kind viel zu viel fernsehen!" „Warum bringen Sie Max immer noch im Buggy, er kann gut allein laufen, und das täte ihm auch gut, er ist ja schon etwas korpulent."

Im ersten Fall ist ein entspannter Umgang nur möglich, wenn die Erzieherinnen in ihrem Bereich bleiben und den Eltern freundlich erklären: „Ich kann verstehen, dass Sie abends auch ihre Ruhe haben möchten. Hier in der Kita ist es meine Aufgabe, darauf zu achten, dass es ihrer Tochter gut geht. Wenn sie mittags müde ist, werde ich sie schlafen legen. Ich werde einmal beobachten, ob ihr ein etwas kürzerer Mittagsschlaf reicht."

Vielleicht kennen Sie den 1987 erschienenen Film „Dirty Dancing". Dies ist ein Tanzfilm. Die Partnerin des Profitänzers eines Hotels fällt aus. Eine junge Frau – sie hat sich bereits in den Tänzer verliebt – springt ein. Es werden viele Szenen gezeigt, in denen das Paar verschiedene Choreografien probt. Dabei macht sie natürlich Fehler, u. a. tritt sie ihrem Tanzpartner immer wieder auf die Füße. In einer Szene sagt er sinngemäß zu ihr – mit ausgebreiteten Armen in ihre Richtung: „Das ist dein Tanzbereich und das", –seine Arme vor sich ausgestreckt, die Hände zusammen, sodass vor seinem Körper ein Kreis entsteht, „ist mein Tanzbereich. Du bleibst in deinem Bereich und ich in meinem."

Das sind die einzelnen **Tanzbereiche.** Dieses Synonym für Zuständigkeiten lässt sich auf die Abgrenzung der jeweiligen Kompetenzbereiche von pädagogischen Fachkräften und Eltern übertragen.

Welche Gewohnheiten eine Familie zu Hause hat, geht die Erzieherin demnach so lange nichts an, wie eine Kindeswohlgefährdung ausgeschlossen ist.

Möchten Eltern einen Rat von der pädagogischen Fachkraft, kann sie auf die Zusammenhänge hinweisen, die sie aus ihrer professionellen Sicht in der Kita wahrnimmt. Hier sind eine sachliche Darstellung und ein wertfreies Aufzeigen der möglichen Zusammenhänge unabdingbar.

Der systemische Grundsatz, dass die Verantwortung für die Familie in der Familie bleibt, ist für Erzieherinnen oftmals eine Entlastung, weil sie nicht dafür verantwortlich sind, Lösungen zu präsentieren und für die Familien umzusetzen. Die Erzieherinnen sehen sich vielmehr als begleitende Unterstützung, die der Familie helfen, ihren eigenen Weg zu finden. Sie sind die Experten in der pädagogischen Einrichtung und agieren in ihrem Kompetenzbereich.

Je transparenter die Kita ihre Arbeit und ihre pädagogische Haltung den Eltern darstellt, desto weniger gibt es durch Missverständnisse hervorgerufene Differenzen. Förderlich für einen wertschätzenden und entspannten Kontakt ist es, dass alle Beteiligten die Regeln und Konditionen der Zusammenarbeit kennen.

Die Tanzbereiche: Abgrenzung der Zuständigkeiten

Oft müssen sich pädagogische Fachkräfte erst einmal selbst darüber klar werden: „Was sind denn meine Aufgaben? Wo endet mein Kompetenzbereich?“ Hilfreich ist es auch, dass sich das gesamte Team darüber austauscht und bestenfalls einigt. Dabei kann das in diesem Buch vorgestellte „Dreieck der Verantwortung“ oder auch „Problemdreieck“ eine Hilfe sein (s. Kap. 2.3, S. 32).

Fallbeispiel: Abgrenzung der Zuständigkeitsbereiche

Benjamin ist ein Hortkind. Er ist neun Jahre alt. Seine Eltern leben von staatlicher Unterstützung. Benjamin kommt allein nach der Schule – die nebenan ist – in den Hort. Er hat einen Betreuungsplatz bis 16.00 Uhr. Die Erziehungspartnerschaft mit den Eltern ist schwierig, sie kommen nur selten in die Kita, auch zu Elterngesprächen sind sie schwer zu bewegen. Die Familie hat Erfahrungen im Umgang mit Behörden. Die Eltern holen Benjamin nicht

ab, er soll mit dem Bus allein nach Hause fahren. Die Bushaltestelle ist in zwei Minuten zu Fuß vom Hort zu erreichen. Der Bus fährt um 16.03 Uhr.
Benjamin mag nicht gern allein mit dem Bus nach Hause fahren. Er ist unsicher. Zur Erzieherin Nicole sagt er, dass er Angst habe, an der falschen Haltestelle auszusteigen und dann nicht nach Hause zu finden. Nicole weiß, dass er die Haltestelle kennt. In einem vorangegangenen Elterngespräch bleiben die Eltern dabei, dass sie ihr Kind nicht abholen können. Die Mutter habe eine Putzstelle und der Vater sagt, er schaffe es nicht und sein Sohn könne den Weg gut allein machen. Nicole ist der Meinung, der Vater könne sehr wohl seinen Sohn abholen, denn er ist nicht berufstätig, hat also Zeit. Sie meint, er sei nur zu bequem und bleibe lieber zu Hause vor dem Fernseher sitzen.
Die Erzieherin Manja aus einer anderen Gruppe nimmt nach Feierabend den gleichen Bus wie Benjamin. Wenn sie um 16.00 Uhr Dienstschluss hat, ist sie oft mit Benjamin gemeinsam zum Bus gegangen und hat ihn begleitet. Manchmal haben sie zusammengesessen, manchmal hat sie sich weiter nach hinten gesetzt. Sie hat ja schließlich Feierabend und manchmal keine Lust, die Betreuung während der Busfahrt zu übernehmen. Sie hat gesehen, dass Benjamin die Haltestelle, an der er aussteigen muss, kennt. Wenn sie weiter hinten sitzt, sieht sie, wie Benjamin mit seinem Vater telefoniert. Er wirkt unsicher und ängstlich und sichert sich ab, wann er aussteigen muss.

Nachmittags in der Hortbetreuung fragt Benjamin immer wieder, ob Manja mit ihm im Bus fährt. Wenn Nicole ihm sagt, dass er allein fährt, wird er unruhig und fragt immer wieder, ob Manja ihn doch begleiten könne.
Die Situation wird für beide Erzieherinnen immer belastender, sie fühlen sich für Benjamin verantwortlich. Er tut ihnen leid. Andererseits will Manja nicht weiter in ihrer Freizeit die Begleitung des Kindes übernehmen.

Bewertung der Situation aus professioneller, systemischer Sicht

Manja tritt mit der Begleitung von Benjamin in den Kompetenzbereich der Eltern. Der Hin- und Rückweg zum Hort fällt in den Zuständigkeitsbereich der Familie. Dieses ist nicht Entscheidung der Erzieherinnen des Hortes. Die Verantwortung für das Kind endet mit dem Losschicken zur Haltestelle, wenn das Kind den Hort verlässt. (Natürlich nur, wenn das die Absprache mit den Eltern ist.)

Manja ist natürlich keineswegs verpflichtet, Benjamin zu begleiten. Sie tut dies in ihrer Freizeit. Das kann sie tun, dann ist es ihre freiwillige Entscheidung (s. Kap. 4.4, S. 90). Indem sie das Kind ab und zu begleitet, unterstützt sie einerseits das Familiensystem in seinem Verhalten. (Warum sollte der Vater sein Kind abholen, wenn Manja ihm das abnimmt?) Anderseits verunsichert ihr Verhalten Benjamin noch mehr, weil sie dies nur manchmal tut. Es ist für ihn undurchschaubar, wann Manja ihn begleitet und wann er allein fahren muss. Dadurch wird er zusätzlich verunsichert. Er kann keine Routine entwickeln.

Nicoles Verantwortung liegt darin, mit Benjamin Handlungsschritte zu entwickeln, die ihm Sicherheit geben und gleichzeitig die Entscheidung der Eltern dem Kind gegenüber wertfrei zu akzeptieren. Nicole kann überlegen, was Benjamin im Hort braucht, damit es ihm dort gut geht. Für den Nachhauseweg sind seine Eltern verantwortlich. Wenn sie entscheiden, dass Benjamin allein nach Hause kommen soll, dann ist das so.

AUFGABE allein

Suchen Sie sich eine Familie aus Ihrer Gruppe aus, bei der Sie am liebsten etwas verändern möchten, z. B.: Die Eltern sollen ihr Kind weniger Krimis sehen lassen, weil es bereits aggressiv ist, oder sie sollen dem Kind weniger Süßigkeiten geben, weil es übergewichtig ist. Dann überlegen Sie, was davon in Ihrem Bereich in der Kita stattfindet und was zu Hause. Worauf haben Sie Einfluss? (s. den „Kreis des Einflusses auf S. 40). Welche Verhaltensweisen können Sie nicht beeinflussen?

AUFGABE im Team

Alle bearbeiten die Aufgabe zunächst allein. Jede/-r bringt die Familien mit, bei der sie/er unsicher bei der Zuordnung der Kompetenzbereiche ist. Schauen Sie gemeinsam die jeweiligen Gründe an. Hier ist es wichtig, dass dies ohne jede Wertung geschieht, denn jede/-r hat seine eigenen Gründe. Diskutieren Sie jeden Fall ggf. mithilfe des „Dreiecks der Verantwortung" (s. S. 32) und ordnen Sie nun gemeinsam die Bereiche zu.

2.3 Abgrenzung von Verantwortlichkeiten: Das Dreieck der Verantwortung

Theoretisch wissen alle genau: Jeder Mensch ist für sein Handeln selbst verantwortlich. Und doch fällt es manchmal schwer, diese Verantwortung bei der anderen Person zu lassen. Viel zu oft übernehmen Personen Verantwortung für jemand anderen, für etwas, das sie genau genommen nichts angeht und was sie nicht verursacht haben. Besonders kompliziert wird es, wenn Menschen jemandem ungefragt die Verantwortung/Entscheidung abnehmen. Je nachdem, welche Vorerfahrungen ein Mensch gemacht hat, wehrt er sich heftig, nimmt es hin oder ist sogar erleichtert. Wenn versucht wird, die Probleme anderer Menschen, z. B. der Familien aus der Kita-Gruppe, zu lösen, ist ein Scheitern vorprogrammiert.

Einige haben es sicher schon erlebt, dass sie dachten, die beste Lösung für das Problem einer Familie zu kennen. Vielleicht haben sie der Familie – eventuell auf die Frage um Rat – eine Lösung für ihr Problem genannt. Doch dann konnte die Familie die vorgeschlagene Lösung nicht umsetzen. Der Versuch, die Probleme anderer zu lösen, kann eine Grenzüberschreitung darstellen. Gleichzeitig ist es wenig wertschätzend, wenn pädagogische Fachkräfte Familien nicht zutrauen, eigene Lösungen für ihre Probleme zu finden. Manchmal wird auch etwas als Problem empfunden, was für denjenigen, um den es geht, überhaupt keines ist.

Damit das Handeln lösungsorientiert und sinnvoll ist, muss zunächst bei einem auftauchenden Problem herausgefunden werden, um wessen Problem es sich handelt. Hier ist das unten vorgestellte **Problemdreieck**, das auch als **Dreieck der Verantwortung** bezeichnet wird, hilfreich.

Hier gibt es drei Spitzen mit den Bezeichnungen „ich“, „die andere Person“ und „alle“. Haben Sie selbst das Problem oder die Verantwortung, ordnen Sie sich bei „ich“ ein. Hat die andere Person, beispielsweise die Mutter, das Kind, der Kollege das Problem/die Verantwortung, wird sie bei „die andere Person“ zugeordnet. In dem Fall können Sie selbst wenig tun. Betrifft das Problem mehrere (Erzieherin, Kind, Eltern, Kollegen), so gehört es zur Position „alle“. In diesem Fall differenzieren Sie weiter mit der Salamitaktik, bis eine Person präzise benannt werden kann. Bleibt ein Problem bei „allen“, dann ist es schwer lösbar, denn es gibt niemand, der verantwortlich agieren kann.

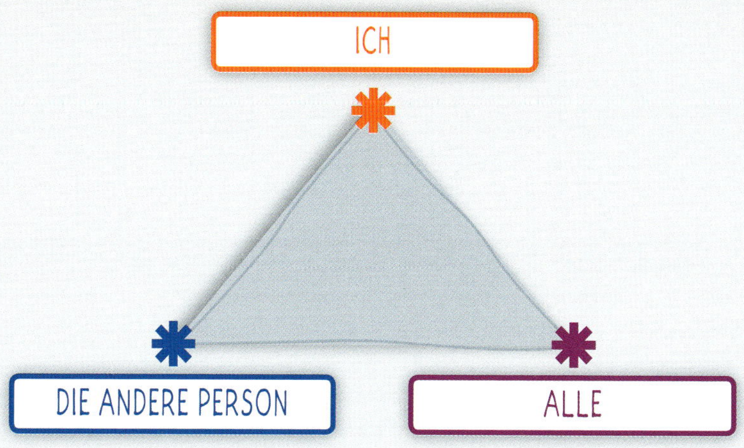

Das Dreieck der Verantwortung ©Beier

Bei einem Problem oder einer schwierigen Situation, einem komplizierten Vorfall oder einem Streit können die Betroffenen sich selbst im Dreieck zuordnen. Es ist genau zu prüfen: Wer hat das Problem? Wo ist die Ursache? Wer ist für die Lösung verantwortlich? Es braucht etwas Übung, um die tatsächliche Ursache zu finden.

BEISPIELE

Manchmal scheint das Kind ein Problem zu haben, z. B. ein Kind hat Kekse zum Frühstück in seiner Brotdose, obwohl die Kita die Eltern um ein gesundes Frühstück gebeten hat. Hat das Kind wirklich ein Problem? Vielleicht nicht, denn es mag die Kekse. Die Erzieherin hat in diesem Fall das Problem, weil ihre Regeln missachtet werden.

Noch ein Beispiel: Ein Kind wird mitten im Morgenkreis abgegeben und kommt schwer in das Gruppengeschehen. Hier ist es wichtig zu schauen, ob das Kind wirklich ein Problem hat und wenn ja, kann es hauptsächlich nur der Elternteil lösen, der das Kind so spät bringt. Die Erzieherin hat allerdings auf jeden Fall ein Problem, denn sie wird in ihrer Arbeit mit den Kindern gestört. Dieses Problem wiederum kann nur sie im Kontakt mit den Eltern lösen.

Mithilfe der sog. **Salamitaktik** (s. unten) kann der Fall, das Problem, der Vorgang genau angeschaut und analysiert werden. Hilfreich ist es, wenn dies mit einem Kollegen gemeinsam getan werden kann. Eine gute Selbstreflexion hilft, um sehr genau und detailliert hinschauen zu können, um welches Problem es geht und welches Gefühl dabei vorrangig herrscht.

Die Zuordnung fällt leichter, wenn das Problem möglichst präzise und detailliert beschrieben wird. Äußerungen wie „Das nervt mich einfach" sind zu vage. Besser ist beispielsweise: „Wenn Frau B. ihr Kind dauernd zu spät abholt, ärgert es mich sehr. Gleichzeitig fühle ich mich hilflos, weil ich nicht weiß, was ich machen soll, was ich ihr sagen darf, oder welche Konsequenzen ich androhen kann."

Stellt sich heraus, dass Sie selbst weder das Problem haben, noch die Verantwortung dafür tragen, können Sie den Fall abschließen. Sie können schauen, ob Sie zur Problemlösung beitragen können und wenn ja, womit. Haben Sie selbst das Problem, können Sie überlegen, wer und/oder was Ihnen helfen würde, es zu lösen. Dementsprechend können Sie sich Unterstützung holen. Es ist eine große Entlastung, wenn Sie die Probleme anderer Menschen bei diesen lassen können.

„Salamitaktik"

Die Salamitaktik wird in verschiedenen Bereichen verwendet: u. a. in der Politik oder Verteidigung, um Wahrheiten nur nach und nach – also scheibchenweise – zuzugeben, immer nur so viel, wie sowieso schon bekannt ist.

Dadurch ist diese Taktik eher negativ behaftet. Sie wird aber auch verwendet, um große Ziele in kleinere Zwischenziele zu unterteilen. Diese nehmen dem großen Ziel etwas vom seiner scheinbaren Unerreichbarkeit und haben den Vorteil, leichter erreichbar zu sein. Dadurch wird die Motivation gesteigert, am großen Ziel weiterzuarbeiten.

Die Salamitaktik lässt sich nutzen, um Probleme, Fragestellungen, Aufgaben und Herausforderungen möglichst *detailliert* zu betrachten. Je präziser die Beschreibung eines Problems ist, desto eher wird eine Lösung gefunden. Ein Problem wird also scheibchenweise auseinandergenommen. Je dünner die Scheiben, desto besser lässt sich die tatsächliche Ursache oder der Kern des Problems herausfinden.

Durch **aktives Zuhören** und **systemisches Fragen** wird die Beschreibung des Problems immer genauer und wichtige Details kommen zum Vorschein. Diese sind notwendig, um eine angemessene und wirksame Lösung zu finden.

Zum **Fallbeispiel** auf S. 10: Nina als eingewöhnende Erzieherin fühlt sich unter Druck, weil Paulinas Eingewöhnung nicht vorangeht. Frau Meier sagt, sie muss und wird in einer Woche wieder arbeiten gehen. Paulina tut Nina leid, weil sie noch zu wenig Vertrauen zu ihr hat, um sich sicher zu fühlen. Ihre Mutter tut ihr auch leid, sie hat wenig Geld und muss dringend arbeiten gehen. Nina fühlt sich verantwortlich und meint die Eingewöhnung irgendwie hinkriegen zu müssen.

Beginnen wir mit der Kita-Leitung:
Hat die Leitung das Problem, die Verantwortung? Sie muss ihre Einrichtung schließlich im Griff haben, für qualifiziertes Personal sorgen, das Eingewöhnungen professionell und souverän durchführen kann, und sie muss die freien Kita-Plätze belegen.

Das Dreieck der Verantwortung: die Leiterin ©Beier

Die Leitung ist verantwortlich, dass es ein Konzept und klare Regeln im Haus gibt. Daran können sich alle orientieren. Der Mitarbeiterin gegenüber hat sie eine Fürsorgepflicht und auch die Dienstaufsicht. Gehen wir davon aus, dass Erzieherin Nina gut qualifiziert ist und Erfahrung im Eingewöhnen neuer Kinder hat. Dann kann sie Nina unterstützen, indem sie gemeinsam das Problem definieren und die Ursache finden. Daraus leiten beide eine Handlungsstrategie ab.

Was muss eine
Kita-Leitung
eigentlich draufhaben?

Gleichzeitig behält sie die Platzbelegung im Blick. Wenn es eine Warteliste gibt, kann sie der Familie – falls gewünscht – einen Rücktritt vom Platz gewähren. Gibt es keine Nachrücker, kann sie mit dem Träger klären, was zu tun ist. Gleichzeitig kann sie zusammen mit der Erzieherin und der Familie Alternativen entwickeln. Dabei sollten die Möglichkeiten klar definiert sein.

Sortieren wir weiter:
Hat **Paulina** das Problem/die Verantwortung? Das kleine Mädchen leidet schließlich und muss in der Kita bleiben, ob es will oder nicht.

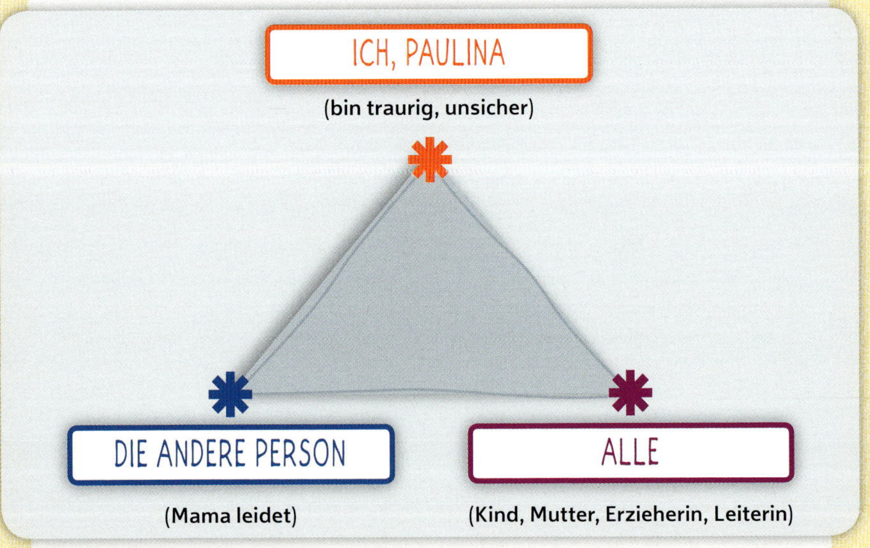

Das Dreieck der Verantwortung: Paulina ©Beier

Ja, Paulina hat ein Problem, weil sie die Zerrissenheit ihrer Mutter spürt und es ihr recht macht, indem sie durch Weinen zeigt, dass sie nicht in der Kita bleiben möchte. Gleichzeitig hat Paulina keine Verantwortung für die finanzielle Situation der Familie und auch nicht für die Zerrissenheit ihrer Mutter. Somit kann sie keine Lösung herbeiführen.

Sortieren wir weiter:
Hat Nina als **Erzieherin** das Problem, die Verantwortung? Sie muss schließlich die Eingewöhnung begleiten.

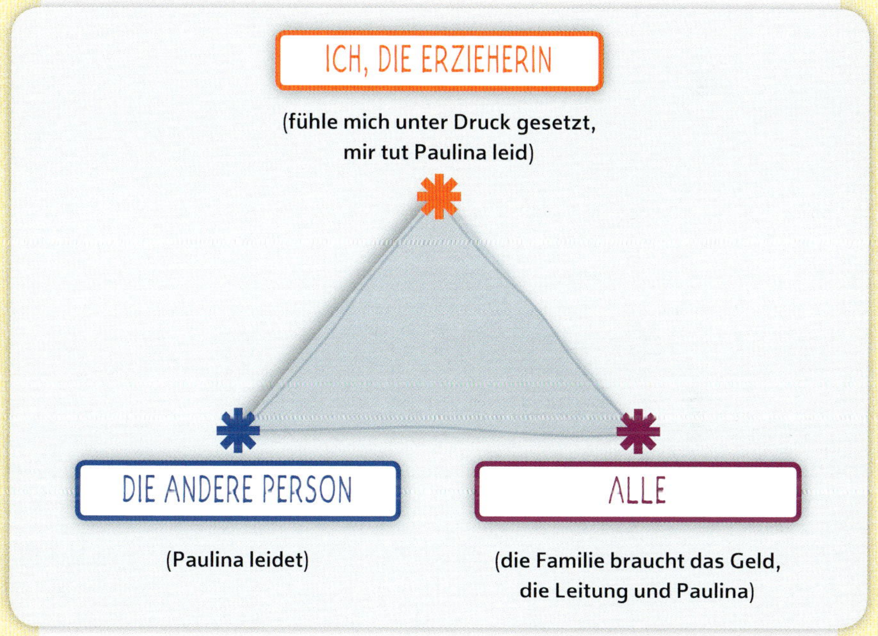

Das Dreieck der Verantwortung: die Erzieherin ©Beier

Ja, auch Nina als Erzieherin hat ein Problem, weil sie sich unter Druck setzt (setzen lässt). Denn sie trägt nicht die Verantwortung für die finanzielle Situation der Familie und die Zerrissenheit der Mutter. Wenn sie sich dies klarmacht, ist sie ein Problem los und kann der Familie – wenn gewünscht – beim Finden einer Lösung helfen. Wenn sie das Problem *für* statt *mit* der Familie lösen will, bleibt nur eine Möglichkeit: Nina zahlt ihr den nötigen

Geldbetrag, dann muss die Mutter nicht mehr arbeiten gehen. Dies klingt überspitzt, ist aber die einzige Möglichkeit, wie Nina die Verantwortung – die sie nicht hat – übernehmen könnte. Natürlich kommt das nicht infrage, macht aber vielleicht deutlich, dass wir Probleme anderer Menschen nicht lösen können.

Sortieren wir weiter:
Hat Frau Meier, die **Mutter** das Problem, die Verantwortung?

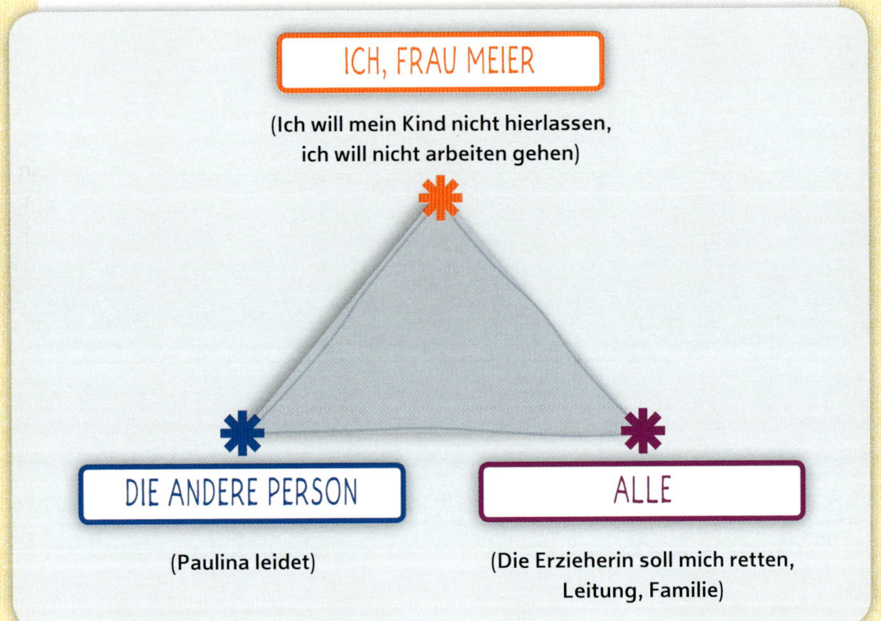

Das Dreieck der Verantwortung: Die Mutter ©Beier

Ja, Paulinas Mutter hat sowohl das Problem als auch die Verantwortung. Nur sie kann – mithilfe der Erzieherin – eine Lösung finden und diese auch umsetzen. Sie kann mit ihrem Mann sprechen und ggf. nach einer anderen Lösung suchen. Sie kann sich darüber klarwerden, dass es ihre Entscheidung ist, Paulina in die Kita zu geben und arbeiten zu gehen – oder dies eben nicht zu tun und Paulina abzumelden. Wie auch immer die Mutter sich entscheidet, es ist und bleibt ihre Verantwortung und nicht die der Erzieherin.

Manchmal ist die Aufgabe der pädagogischen Fachkraft eher das Akzeptieren und die Fähigkeit, es auszuhalten, nichts tun zu können.

Die Verantwortung an die wirklich Verantwortlichen zurückzugeben, ist oft sehr entlastend. In dem Moment, in dem das Problem oder die Verantwortung an die entsprechenden Personen zurückgegeben wurde, kann es losgelassen werden.

Um sich abzugrenzen, ist manchmal ein Gespräch notwendig, damit die betroffene Person auch weiß, dass sich nun niemand mehr kümmert oder eine Lösung sucht. Oft haben sich in Beziehungen – ob beruflich oder privat – Automatismen eingeschlichen. Dann gehen beide Seiten von bestimmten Abläufen oder Ritualen aus und erwarten auch, dass der andere seine „Aufgaben" erledigt. Das war ja schließlich schon immer so.

BEISPIELE

* „Wieso hast du den Teewagen nicht gedeckt?" *„Nee, ich will das auch nicht immer machen. Du kannst ja auch mal daran denken!"* „Wieso? Du machst das doch immer."
* „In drei Wochen ist das Sommerfest und wir haben noch nichts geplant!" *„Ja, das stimmt."* „Oh Mann, wieso hast du mich denn nicht rechtzeitig daran erinnert? Wie sollen wir das jetzt noch schaffen?" *„Du kannst ja auch mal selbst dran denken, wieso muss ich das immer tun? Ich wollte mal abwarten, ob du auch mal die Initiative ergreifst."* *„Na toll, sonst hast du das immer gemacht!"*

Wann immer jemand feststellt, dass er eine Verantwortung oder Aufgabe, die er übernommen hat, abgeben will, teilt er dies den anderen mit. Bei den Beispielen oben wird ersichtlich, dass sich Menschen aufeinander verlassen. Wenn Sie seit einer Weile bestimmte Aufgaben übernommen haben, z. B. an die Geburtstage der Kinder, Kollegen oder der Familie zu denken und dieses leid sind („die anderen können ja auch mal dran denken! Wieso immer nur ich?"), teilen Sie den anderen dies unbedingt mit. Sie gehen sonst davon aus, dass alles so bleibt und Sie – wie immer - daran denken.

Wenn die Verantwortung an jemand anderen abgegeben oder zurückgegeben werden soll, kann dieser sie nur übernehmen, wenn er davon weiß. Es ist unfair, die anderen auflaufen zu lassen, und im beruflichen Rahmen ist ein derartiges Verhalten schlichtweg unprofessionell: Denn es könnten wichtige Abläufe in der pädagogischen Arbeit schiefgehen. Das hätte Auswirkungen auf die Kinder, die nicht die Auslöser, sondern dann die Leidtragenden sind. Bei einer gelungenen Abgrenzung leidet niemand. Im Gegenteil: Jeder bekommt die Verantwortung, die ihm zusteht und wird dadurch ernst genommen und wertgeschätzt. Es wird gleichzeitig Vertrauen ausgedrückt, diese Verantwortung zu tragen oder für ein Problem selbst eine Lösung zu finden.

AUFGABE allein

Gehen Sie in Gedanken Ihren Kita-Alltag durch und notieren Sie zunächst drei belastende, anstrengende Situationen in Stichpunkten. Ordnen Sie mithilfe des Dreiecks der Verantwortung für jeden Punkt die Verantwortlichkeiten zu. Daraus leiten Sie dann entsprechende Handlungen ab.

AUFGABE im Team

Die pädagogischen Fachkräfte sammeln bei einer Dienstbesprechung Fälle, bei denen mehrere von ihnen ein Problem sehen oder sich unsicher sind, wer die Verantwortung trägt und demzufolge handeln muss. (Des Öfteren werden hierbei fehlende oder unklare Absprachen deutlich.) Gemeinsam ordnen Sie diese Aussagen dem Dreieck der Verantwortung zu. Die/der Verantwortliche wird vom Team beim Finden seiner Lösung – ohne Ratschläge – unterstützt.

2.4 Abgrenzung von Einflussmöglichkeiten: Der Kreis des Einflusses

Die meisten Menschen kennen Situationen, in denen sie sich an einem Thema festbeißen, wohl wissend, dass sie nichts ändern oder bewirken können.

BEISPIEL

So ist z. B. ein schönes Gartenfest oder ein Ausflug geplant, alle Gäste sind eingeladen, und alles ist vorbereitet. Mit bangem Blick wird seit Tagen die Wettervorhersage verfolgt. Es ist Regen angesagt. Nun können die Organisatoren sich darüber ärgern und verzweifeln, aber ändern werden sie am Wetter nichts. Was sie allerdings ändern können, ist ihren Plan: Beispielsweise könnten sie ein Zelt aufbauen oder das Fest drinnen planen oder es auf einen anderen Termin verschieben. Wenn sie sich aber nur über das schlechte Wetter ärgern, wird das Fest vermutlich schlecht laufen oder unorganisiert ins Wasser fallen.

Es ist sinnlos, Energie in Bereiche, Themen, Abläufe oder Rahmenbedingungen zu investieren, die nicht zu ändern sind. Die hier eingesetzte Kraft ist verschwendet und fehlt dann für die Bereiche, in denen bedingter oder voller Einfluss genutzt werden kann.

Menschen, die im sozialen Bereich arbeiten fühlen sich oft für jeden und alles verantwortlich – so auch für Probleme, deren Ursache sie nicht sind und deren Lösungen außerhalb ihres Arbeits- und Einflussbereiches liegen (s. das unten ausgeführte Fallbeispiel zur Sprachentwicklung). Das kann sehr belastend sein, übrigens oft auch für diejenigen, denen „geholfen" werden soll.

Durch die Zuordnung in die Einflussbereiche des Kreises (s. Kap. 2.4, S. 40) ist es möglich, zu erkennen, wo die Verantwortung liegt und auch, wo diese endet. Danach kann das Handeln lösungs- und ressourcenorientiert geplant werden. Eine gute Abgrenzung ist besser möglich und weniger belastend. So kann die Arbeit wesentlich effizienter und unterstützender ausgeführt werden und die Fachkräfte sind zufrieden und bleiben gesund.
Manchmal ist es natürlich schwer, Dinge, die nicht zu ändern sind, hinzunehmen. Mit etwas Übung und professioneller Abgrenzung wird dies mit der Zeit leichter.

Hierzu gibt es einen weisen Spruch:

„Gib mir die Gelassenheit, die Dinge hinzunehmen, die ich nicht ändern kann,
den Mut, die Dinge zu ändern, die ich ändern kann,
und die Weisheit, das eine vom anderen zu unterscheiden."

(Theodor Wilhelm alias Friedrich Oetinger)

Der **Kreis des Einflusses** ermöglicht eine optische Darstellung der unterschiedlichen Intensität von Einflussnahme. Er kann – auch vergrößert – kopiert werden. Dann können zu dem jeweiligen Fall die Gedanken in die Kreise eingetragen werden, indem die Dinge, auf die **kein Einfluss** besteht, in den äußeren Ring eingetragen werden. Gegebenheiten, bei denen die Auffassung herrscht, dass auf diese ein **bedingter Einfluss** genommen werden kann, können in den mittleren Ring geschrieben werden. Alles, worauf **Einfluss genommen** werden kann, kommt in den Kreis in der Mitte

Mit diesem Kreis fällt vielen das Ordnen der Gedanken leichter, und sie kommen schneller zu einer Entscheidung, ob und wo die Kraft sinnvoll eingesetzt werden kann.

Der Kreis des Einflusses: innerer, grüner Ring: viel Einfluss, mittlerer, gelber Ring: bedingter Einfluss, äußerer roter Ring: kein Einfluss ©Beier

Fallbeispiel

Tom ist 27 Monate alt. Er spricht kaum. Die ihn betreuenden Erzieherinnen verstehen seine Worte nicht. Sie bitten die Leiterin, Frau Müller, ihn einmal zu beobachten, um die jeweiligen Eindrücke abzugleichen. Frau Müller versteht Tom ebenfalls nicht. Sie weiß, was er meint, wenn er gleichzeitig auf etwas zeigt und spricht, wie z. B. beim Frühstück: Er zeigt auf das Brot und sagt etwas dazu. Beim Bilderbuchanschauen fragt Frau Müller ihn: „Siehst du die Katze?“ Dann zeigt Tom auf die Katze und entsprechend viele andere Dinge. Er kennt also die Bezeichnungen. Im Kontakt zu den anderen Kindern ist es ähnlich, sie verstehen ihn schlecht und am ehesten, wenn er seine Worte gestisch oder durch Zeigen begleitet. Das Team macht sich Sorgen, wie Tom nach seiner Zeit in der unter 3-jährigen Betreuung im Kindergarten in einer Gruppe von 20 Kindern zurechtkommen wird. Wird er – auch in der deutlich größeren Kindergruppe – für sich sorgen können; ausdrücken, was er möchte und was nicht? Wie werden die anderen, älteren Kinder auf ihn reagieren? Es wird ein Elterngespräch verabredet. Ziel ist es, den Eltern die Beobachtungen und Sorgen mitzuteilen. Die Erzieherinnen möchten den Eltern den Besuch bei einer Logopädin empfehlen, um den sprachlichen Entwicklungsstand und die körperliche Entwicklung der Mundmuskulatur kontrollieren zu lassen.

Zum Elterngespräch erscheint die Mutter. Frau Müller erzählt ihr von den Beobachtungen (s. o.). Toms Mutter hat andere Beobachtungen gemacht. Sie sagt: „Also zu Hause spricht er ganz viel, und ich verstehe Tom meistens gut.“

> *„Das ist ja schön. Kinder verhalten sich zu Hause oft anders als in der Kita. Und natürlich verstehen Sie Ihren Sohn besser, sie sind ja ein eingespieltes Team.“*

Frau Müller teilt Toms Mutter die Sorgen des Teams bezüglich des Kindergartens mit und empfiehlt ihr zur Abklärung die Kontaktaufnahme mit einer logopädischen Praxis. Sie antwortet: „Da bin ich ja ganz tiefenentspannt. Bis er 18 ist, wird Tom sprechen können!“

> *„Wissen Sie Frau Schulze, wir sind verpflichtet, Ihnen unsere Wahrnehmung mitzuteilen, und es ist natürlich Ihre Entscheidung, wie Sie dann damit umgehen“,*

antwortet die Einrichtungsleiterin. Sie verabschieden sich freundlich. Drei Monate später berichtet eine Erzieherin in der Teambesprechung:

„Ach übrigens: Tom wird dienstags jetzt immer früher abgeholt, weil er zur Logopädin geht."

Worauf haben die pädagogischen Fachkräfte in diesem Fallbeispiel Einfluss? Pädagogische Fachkräfte in einer Kita haben die Pflicht, die Eltern über den Entwicklungsstand und mögliche Entwicklungsverzögerungen oder Auffälligkeiten eines Kindes zu informieren. Hier können sie Einfluss (s. Kap. 2.4, Kreis des Einflusses auf S. 40, grüner Bereich) nehmen, indem sie die Eltern zu einem Gespräch einladen. Nur bedingten Einfluss (s. S. 42, gelber Bereich) haben sie darauf, ob beide Elternteile an diesem Gespräch teilnehmen.

Durch die Darlegung ihrer fachlichen Einschätzung des sprachlichen Entwicklungsstands des Kindes und einer entsprechenden Empfehlung für das weitere Vorgehen können die pädagogischen Fachkräfte bedingten Einfluss auf die Eltern nehmen. Ob die Eltern die Einschätzung der Erzieherinnen teilen oder ihre Empfehlung annehmen, ist außerhalb des Einflussbereiches der pädagogischen Fachkräfte (s. Kap. 2.4, Kreis des Einflusses auf S. 40, roter Bereich). Die Entscheidung bleibt bei den Eltern und muss von den Erzieherinnen akzeptiert werden. Was könnten sie auch anderes tun? Sie können die Eltern nicht zwingen, mit ihrem Kind eine logopädische Praxis zu besuchen, auch können sie das Kind nicht selbst dort vorstellen.

Oft ist die Situation unübersichtlich oder verworren. Da scheint es schwer zu sein, die Dinge zu benennen, die sich verändern lassen. Auch die Sachlagen, die hinzunehmen sind, sind manchmal auf den ersten Blick schwer zu erkennen. Ein Gespräch mit Kollegen kann hilfreich sein, um erst einmal einen Überblick zu erhalten und das gedankliche Chaos zu sortieren. Das Zuordnen in die entsprechenden Einflussbereiche des Kreises des Einflusses (s. Kap. 2.4, S. 40), z. B. auf einer Kopie des Kreises) kann helfen, die sinnvollen Möglichkeiten und Grenzen der Einflussnahme (keinen Einfluss) zu erkennen.

AUFGABE allein

Wählen Sie eine Situation in der Kita aus, über die Sie sich schon eine Weile ärgern. Kopieren Sie den „Kreis des Einflusses" oder malen Sie ihn einfach auf ein DIN-A4 -Blatt. Ordnen Sie nun Ihre Gedanken über das Ärgernis den entsprechenden Bereichen zu. Eventuell „verschieben" Sie die Gedanken/Tatsachen noch einmal in einen anderen Bereich des Kreises. Worauf haben Sie Einfluss und wie können Sie diesen lösungsorientiert umsetzen?

AUFGABE im Team

Gibt es Ärgernisse, die das ganze Team betreffen? So geben beispielsweise manche Eltern ihren Kindern immer wieder Süßigkeiten zum Frühstück mit, obwohl Sie dieses verboten haben. Zeichnen Sie den Kreis des Einflusses auf ein Flipchart, und tragen Sie die Gedanken wertfrei in die Bereiche ein.
Variante: Schreiben Sie die Gedanken auf Moderationskarten in der entsprechenden Farbe vom Kreis (je nach Teamgröße in Kleingruppen zu je drei Personen). Alle Karten werden farblich sortiert an die Pinnwand geheftet. Was fällt Ihnen auf? Gibt es Übereinstimmungen? Welche Lösungswege ergeben sich für die Angaben im Bereich des Einflusses?

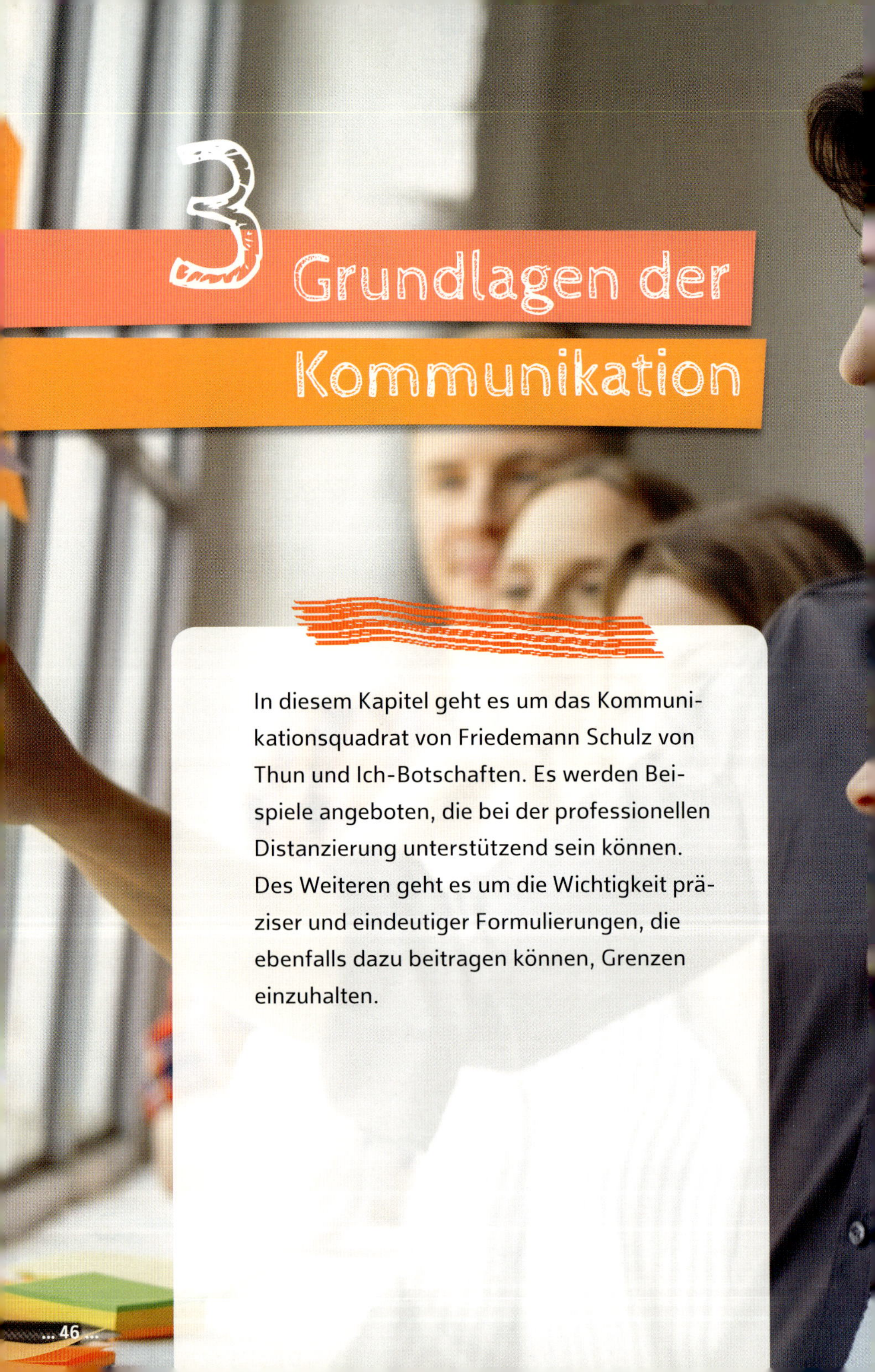

3 Grundlagen der Kommunikation

In diesem Kapitel geht es um das Kommunikationsquadrat von Friedemann Schulz von Thun und Ich-Botschaften. Es werden Beispiele angeboten, die bei der professionellen Distanzierung unterstützend sein können. Des Weiteren geht es um die Wichtigkeit präziser und eindeutiger Formulierungen, die ebenfalls dazu beitragen können, Grenzen einzuhalten.

EIGENE NOTIZEN

3

3.1 Das Kommunikationsmodell von Friedemann Schulz von Thun

„Ein und dieselbe Nachricht enthält viele Botschaften; ob er will oder nicht – der Sender sendet immer gleichzeitig auf allen Seiten."

(Schulz von Thun, 1998, Bd. 1, S. 31)

Das Interaktionsmodell: Die vier Seiten einer Nachricht

Nach Friedemann Schulz von Thun hat eine Nachricht vier Aspekte *(vgl. Schulz von Thun, 1998, Bd. 1, S. 25–30)*:

* **Sachinhalt:** Auf der **Sachebene** werden die reinen faktischen Informationen ohne Bewertung vom Sender an den Empfänger weitergegeben und vom Empfänger angenommen.
* **Appell:** Auf der **Appellseite** wird eine Aufforderung zum Handeln vom Sender an den Empfänger gesendet. Der Sender will den Empfänger zu einem bestimmten Verhalten, Denken, Handeln bringen. Dieses kann mit eindeutigen Worten oder auch mit indirekter Kommunikation geschehen. Übermittelt der Sender den Appell mit indirekter Kommunikation ist die Wahrscheinlichkeit hoch, dass der Empfänger eine andere Aufforderung versteht und entsprechend reagiert oder handelt. Ein Empfänger, der eher wenig auf dem sog. Appell-Ohr hört, reagiert dann eventuell gar nicht.
* **Beziehungsaussage:** Auf der **Beziehungsseite** zeigt sich, in welcher Beziehung Sender und Empfänger zueinander stehen und was der Sender von dem Empfänger hält. Dies wird überwiegend nonverbal durch Tonfall, Blicke, Körpersprache ausgedrückt, z. B.: Mitarbeiterin – Chefin, Kind – Eltern, Ehepaar, Kollegen untereinander etc. Hier kommen auch die Qualität der Beziehung und das Vertrauensverhältnis zum Vorschein. Oft überlagert die

Beziehungsaussage die sachliche Nachricht, sodass diese nicht mehr vom Empfänger gehört werden kann (siehe das Beispiel auf S. 50).

* **Selbstkundgabe:** In jeder Nachricht steckt auch eine Selbstkundgabe. Hier gibt der Sender Informationen über sich selbst preis. Dieser Aspekt der Nachricht ist psychologisch besonders interessant. Besonders wenn Eltern pädagogischen Fachkräften Vorwürfe machen, ist es sinnvoll, die Selbstkundgabe zu hören. Oft sind es Sorgen oder Ängste, die sich dann offenbaren. Dann können Erzieherinnen auf einer sachlichen (z. B. durch das Nennen von Fakten) oder auf der Beziehungsebene (z. B. mit Verständnis für die Ängste) reagieren, ohne sich angegriffen zu fühlen.

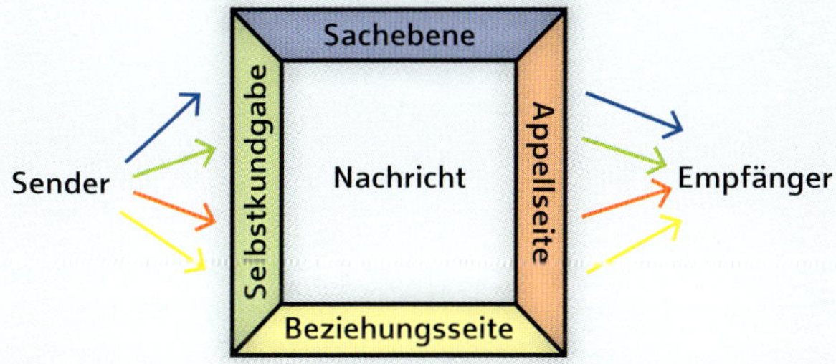

Kommunikationsquadrat (vgl. Schulz von Thun Bd. 1, S. 30)

Der Sprecher sendet auf diesen vier Ebenen und der Empfänger hört auf diesen vier Ebenen. Nun haben Menschen aufgrund persönlicher Lernerfahrungen unterschiedliche Sprech- und Hörgewohnheiten. Manche Menschen reden und hören vorwiegend auf der Sachebene und reagieren wenig auf der Beziehungsebene. Andere dagegen hören sofort den Appell und reagieren entsprechend entweder auf der Appellebene durch Handeln oder auf der Beziehungsebene mit Verweigerung. Schwierig wird es meistens, wenn Personen auf verschiedenen Ebenen miteinander kommunizieren.

Damit die professionelle Abgrenzung im Berufsalltag gut gelingen kann und nicht in eine der vielen Kommunikationsfallen getappt wird, ist es wichtig, zu wissen, auf welchem Ohr Sie überwiegend hören und reagieren. Dies kann durchaus je nach der Person oder Situation variieren. Auch sollten Sie sich darüber klarwerden, auf welcher Ebene Sie in den jeweiligen Situationen mit den Menschen sprechen.

BEISPIELE

Zum Beispiel sagt eine Erzieherin zu einer Mutter:

Die vier Ebenen	Die Botschaft des Sprechenden	Das vom Zuhörer Empfangene
Sachebene	„Der Morgenkreis beginnt um 9.00 Uhr.“	„Der Morgenkreis beginnt um 9.00 Uhr.“
Appell	„Bringen Sie Ihr Kind pünktlich.“	„Ich soll früher kommen.“
Beziehungsebene	„Ich fühle mich und meine Arbeit nicht ernst genommen.“	„Sie mischt sich in mein Leben ein.“
Selbstkundgabe	„Ich fühle mich gestört und bin enttäuscht.“	„Sie interessiert sich nicht für mich.“

Fallbeispiel

In einer Kita arbeiten neben anderen zwei Erzieherinnen, Katja und Geli, in unterschiedlichen Gruppen. Die beiden geraten oft aneinander, die Kommunikation ist sehr schwierig und wenig wertschätzend. Geli hat schon einige Jahre Berufserfahrung und arbeitet als Gruppenleiterin. Katja hat vor einem Jahr ihre Ausbildung zur Erzieherin beendet und arbeitet als Zweitkraft in der anderen Gruppe. Katja kommt ins Büro der Leiterin, dort ist auch die Garderobe der Mitarbeiterinnen. Sie sagt:

> *„Ich nehme Überstunden und mache jetzt Feierabend. Ich habe gefragt, es ist nichts mehr zu tun, und es sind wenig Kinder da.“*

Die Leiterin wundert sich über diese Information, weil die Mitarbeitrinnen üblicherweise die Plusstunden abfeiern, wenn wenige Kinder da sind. „Ja, ist gut.“ Katja ergänzt:

> *„Ich sag dir das nur, weil ich eben auf dem Flur gehört habe, wie Geli gesagt hat, ich solle noch nicht Feierabend machen. Falls sie gleich zu dir kommt, weißt du Bescheid.“*

„Aha, was hat Geli mit deinem Feierabend zu tun?“ „Ja, nix. Sie hat mir das auch nicht direkt gesagt, sondern als ich schon an ihr vorbei war. So, dass sie wusste, ich kann das hören.“ In dem Moment kommt Geli ins Büro, sie zieht ihre Jacke an, will offenbar vor der Kita eine Zigarette rauchen. Die Leiterin denkt sich: Das ist ja ideal, jetzt sind beide Beteiligten anwesend, und wir können das offensichtliche Kommunikationsproblem klären. (Da Geli in einer anderen Gruppe arbeitet, sollte sie sich aus den Arbeitszeiten von Katja raushalten. Das ist die Angelegenheit von Katjas Gruppenleiterin.) Die Leiterin bittet Geli im Büro zu bleiben und schildert den von Katja vorgetragenen Vorfall. Geli sagt sofort: „Das habe ich nicht gesagt!“

„Doch“,

sagt Katja vorsichtig,

„du hast gesagt, ich dürfe oder solle noch nicht Feierabend machen.“

„Nein, das habe ich nicht gesagt!“ Gelis Ton wird aggressiv und lauter. Geli: „Was habe ich gesagt, wiederhole genau die Worte!“ Ein Streit beginnt.

Nach einigem Hin und Her wird Geli immer lauter und forscher und Katja zunehmend unsicher und auch ängstlich. Die Leiterin unterbricht und fragt Geli: „Was hast du denn gesagt?“ Geli antwortet leicht provokant: „Es ist noch ganz schön früh.“ „Aha“ „Ja, und dass kann ja vieles heißen: Zum Beispiel: Es noch ganz früh dafür, dass so wenig Kinder da sind.“ Die Leiterin fragt Katja: „Stimmt das, dass Geli das gesagt hat, es ist noch ganz schön früh?“ Katja ist völlig verunsichert und den Tränen nahe:

„Das kann auch sein, ich weiß jetzt gar nichts mehr.“

Die Leiterin fragt Geli: „Okay, und was hast du damit gemeint? Hast du den Satz auf die Kinder bezogen?“ Geli sagt: „Nein, habe ich nicht. Ich habe gemeint, dass Katja zu früh Feierabend macht!“

An dieser Auseinandersetzung ist sehr gut zu erkennen, dass das Gegenüber *immer* wahrnimmt, was tatsächlich gemeint ist. Es ist sogar egal, ob jemand direkt angesprochen wird oder wie in diesem Beispiel indirekt. Auch die tatsächlichen Worte werden manchmal nicht gehört. Wir Menschen hören und reagieren meistens zuerst auf der Beziehungsebene. Solange die Beziehungsebene ungeklärt bzw. nicht bereinigt ist, ist eine Kommunikation auf der Sachebene unmöglich.

Das Interaktionsmodell: Sender und Empfänger

„Da ist ein Sender, der etwas mitteilen möchte. Er verschlüsselt sein Anliegen in erkennbare Zeichen – wir nennen das, was er von sich gibt, seine Nachricht. Dem Empfänger obliegt es, dieses wahrnehmbare Gebilde zu entschlüsseln. In der Regel stimmen gesendete und empfangene Nachricht leidlich überein."

(Schulz von Thun, 1998, Bd. 1, S. 25)

Weil dies so ist, ist es so wichtig, durch Nachfragen oder Rückspiegeln eventuelle Abweichungen zu entdecken und zu klären. Und auch hierbei kann es wieder zu Missverständnissen kommen. Oft hören Menschen, was sie hören wollen. Oder sie fühlen sich angesprochen, geärgert, verletzt, obwohl der Sender etwas anderes – vielleicht einfach nur die Sachebene – gemeint hat.

Viele kennen das wahrscheinlich auch: sie versuchen Jemandem – aus welchen Gründen auch immer – „durch die Blume" – also indirekt – etwas mitzuteilen. Aber die Person reagiert überhaupt nicht darauf.

Fallbeispiel

Melanie Wehner wird oft kurz nach 16.00 Uhr als letztes Kind aus der Kita abgeholt. Christine, die Erzieherin hat um 16.00 Uhr Feierabend und möchte natürlich gern pünktlich gehen. Sie sagt mit leicht vorwurfsvollem Tonfall: „Frau Wehner, alle anderen Kinder sind schon abgeholt." Christine hofft, dass Frau Wehner nun früher kommt, sodass sie zeitig nach Hause gehen kann. Gemeint hat sie: „Frau Wehner, kommen Sie früher." (Also vor 16.00 Uhr, damit ich pünktlich Feierabend machen kann). Frau Wehner hört auf der Sachebene, sieht sich um und antwortet: „Ja, stimmt, es sind alle schon weg." Sie hat den Appell in der Aussage nicht empfangen oder nicht empfangen wollen. Sie wird wohl weiterhin später kommen. Daraufhin wird sich Christine weiter ärgern.

Menschen reagieren unterschiedlich auf Appelle. Die Gründe hierfür sind verschieden:

* Sie hören den Appell nicht.
* Sie hören den Appell, wollen dem aber nicht nachkommen und tun so, als ob sie ihn nicht gehört hätten, in der Hoffnung, dass der Sender dann aufgibt.
* Sie wollen den Appell nicht hören, weil sie sich dann verpflichtet fühlen zu handeln oder reagieren.
* Sie hören den Appell, trauen sich nicht zu widersprechen.
* Sie hören den Appell, wissen aber nicht, wie sie diesen erfüllen sollen.
* Sie hören den Appell, nehmen aber den Sender nicht ernst und reagieren deswegen nicht.
* Sie hören den Appell und boykottieren ihn bewusst.
* Sie hören den Appell und ignorieren ihn, weil sie den Sender unsympathisch finden oder ihm eins „auswischen" wollen.

Je nachdem, was die Ursache einer Kommunikationsstörung ist, fällt die Reaktion entsprechend aus. Die Reaktion ist in jedem Fall wieder eine Nachricht mit ihren vier Seiten (s. u.). Diese wird nun wieder entschlüsselt. Der vorherige Sender ist jetzt der Empfänger, bei dem die Nachricht (die Antwort) auf den vier Ohren ankommt.

Eine Grundannahme ist, „dass Störungen nicht so sehr die Eigenarten eines Individuums widerspiegeln, sondern sozusagen auf einer systematisch missglückten Form des Aneinandergeratens beruhen." (Schulz von Thun, 1998, Bd. 1, S. 87)

AUFGABE allein

Formulieren Sie für jeden der vier Aspekte eine Aussage zu den folgenden Sätzen:

* „Mir ist so kalt!" (Frau zu ihrem Mann)
* „Ich habe so großen Durst!" (Kind zur Erzieherin)
* „Es ist schon Viertel nach acht!" (Erzieherin zur Praktikantin)
* „Mir ist so langweilig!" (Kind zur Erzieherin)

AUFGABE im Team

Gehen Sie das Beispiel von Katja und Geli oben noch einmal durch, und ordnen Sie die Aussagen der Beteiligten den einzelnen Ebenen zu. Sind Sie unterschiedlicher Meinung, diskutieren Sie diese und einigen Sie sich auf eine Ebene. Formulieren Sie nun die Aussagen um, sodass die Worte mit dem, was jeweils gemeint ist, übereinstimmen. Oder bearbeiten Sie gemeinsam folgende Sätze:

* „Wer soll jetzt bloß den Spätdienst übernehmen?" (fragt eine Erzieherin – nach einer Krankmeldung – in der Dienstbesprechung in die Runde)
* Die Kitaleiterin sagt in die Runde: „Mir fehlen noch Stundenzettel des letzten Monats von Melanie, Claudia und Markus."

3.2 Ich-Botschaften – Du-Botschaften

„Du bist – wie immer – zu spät!" „Du räumst nie deine Legos weg!" „Kannst du nicht einmal im Morgenkreis stillsitzen!" „Das ist ja mal wieder typisch, dass du keine Gummistiefel hast."
So hören sich Du-Botschaften an, die wohl die meisten Menschen kennen. Sie enthalten versteckte oder auch offene Vorwürfe und Schuldzuweisungen. Menschen reagieren darauf abwehrend oder sie rechtfertigen sich. Manche zeigen keine äußerliche oder verbale Reaktion, sondern resignieren. Ihr Selbstwertgefühl sinkt. Du-Botschaften sind abwertend und enden meistens im Streit.

Es gibt auch Sätze, die nicht mit „Du" beginnen wie beispielsweise: „Wenn Sie Ihrer Tochter immer etwas Süßes zum Frühstück mitgeben, tut ihr das nicht gut." Auch bei diesen Sätzen handelt es sich um Du-Botschaften, die vorwurfsvoll und anklagend klingen.

BEISPIELE FÜR DU-BOTSCHAFTEN

Aus dem Fallbeispiel in der Einleitung (S. 9): „Sie müssen Paulina eigentlich loslassen und sie mir übergeben, damit die Eingewöhnung gelingen kann." Dieser Satz aus dem Beispiel in der Einleitung ist eine Du-Botschaft. Diese ist mit einer klaren Aufforderung verbunden. Indirekt ist der Vorwurf enthalten: „Sie sind schuld, dass die Eingewöhnung nicht vorangeht."

Ein weiteres Beispiel:
Melissa ist sechzehn Jahre alt. Sie hat von ihrer Mutter die Erlaubnis bekommen an der Geburtstagsfeier ihrer Freundin in der Nachbar-

schaft teilzunehmen. Sie soll um Mitternacht zu Hause sein Die Stimmung auf der Party ist gut, Melissa hat viel Spaß und vergisst die Zeit. Als sie nach Hause ist es bereits 1.00 Uhr. Ihre Mutter ist noch wach und sagt vorwurfsvoll: „Ich konnte überhaupt nicht schlafen. Du bist viel zu spät! Morgen werde ich todmüde sein, weil du nicht pünktlich nach Hause gekommen bist!“

Auch wenn der Satz der Mutter mit „Ich“ beginnt, verwendet die Mutter im Beispiel oben eine Du-Botschaft, mit der sie ihrer Tochter einen Vorwurf macht. Vermutlich wird die Tochter sich rechtfertigen oder ihre Mutter angreifen. „Ist doch dein Problem, wieso schläfst du auch nicht einfach. Ich komme schon wieder nach Hause!“
Mit einer Ich-Botschaft könnte die Tochter die Situation entspannen, indem sie beispielsweise antwortet: „Bitte entschuldige. Ich habe die Zeit total vergessen, es war eine so gute Stimmung. Bestimmt hast du dir Sorgen gemacht. Es tut mir wirklich leid!“
Die Aussage der Mutter als Ich-Botschaft könnte lauten: „Wir hatten ausgemacht, dass du um 0.00 Uhr zur Hause bist. Jetzt ist es 1.00 Uhr. Ich hatte Angst um dich und konnte deswegen nicht einschlafen.“

Mit Ich-Botschaften bringt die Person zum Ausdruck, wie es ihr geht und wie ihr Gefühl ist. Sie kommuniziert damit auf der Ebene der Selbstkundgabe (s. hierzu das Kommunikationsquadrat in Kap. 3.1, S. 48).
Wenn in der Ich-Form mit einem Menschen gesprochen wird, gibt es keine Angriffe und gleichzeitig ist man nicht angreifbar, weil keine Vorwürfe gemacht werden.
Der Gesprächspartner muss sich nicht rechtfertigen oder als Abwehrreaktion selbst angreifen. Er hört, wie es dem Gegenüber geht und gegebenenfalls welches Gefühl sein Verhalten ausgelöst hat.
Worte wie „immer“, „wieder“ und „nie“ verallgemeinern und weisen auf zurückliegende Ereignisse. Dies löst meistens eine sinnlose Diskussion aus, die mit dem derzeitigen Ereignis nichts mehr zu tun hat.

Definition: Ich-Botschaft
Der Begriff „Ich-Botschaft“ (engl. I-Message) wurde von dem US-amerikanischen Psychologen Thomas Gordon geprägt. Gordon verstand unter einer Ich-Botschaft eine authentische und bewertungsfreie Selbstoffenbarung. Kommunikationspsychologische Theorien verstehen unter Ich-Botschaften persönliche Äußerungen im Sinne einer Selbstkundgabe.

Mit Ich-Botschaften können Sie sich gut abgrenzen, ohne von anderen etwas zu verlangen oder in deren Bereiche einzugreifen. Beim Formulieren gewinnen Sie noch mehr Klarheit und übernehmen die Eigenverantwortung. Ihr Gegenüber behält seine Verantwortung für das auslösende Verhalten bzw. für das ggf. zu verändernde Verhalten. Es kann reagieren, muss dies aber nicht.

Die Ich-Botschaft im Fallbeispiel in der Einleitung (s. S. 9) lautet folgendermaßen:

> *„Ah, ich verstehe. Das ist sicher schwer. Kann ich etwas tun, um es Ihnen zu erleichtern?"*

Die Erzieherin bleibt durch diese Formulierung bei sich und zeigt Verständnis für die Mutter, ohne ihr Ratschläge zu geben. Sie bietet ihre Hilfe an, indem sie fragt, ob sie selbst etwas zur Unterstützung beitragen kann. Auch damit bleibt sie bei sich. Eine andere Form wäre der Satz:

> *„Ah, ich verstehe. Das ist sicher schwer. Was würde es Ihnen erleichtern?"*

Mit dieser Formulierung würde es sich immer noch um eine Ich-Botschaft handeln, mit der die Erzieherin es offenlässt, in welcher Form und durch wen die Unterstützung geschehen könnte.

EIN WEITERES BEISPIEL FÜR EINE ICH-BOTSCHAFT:

Verabredet war, dass Mattes um 17.00 Uhr nach dem Spielen bei seinem Freund in der Nachbarschaft nach Hause kommt. Es ist 17.30 Uhr. Seine Mutter wartet und beginnt, sich Sorgen zu machen. Mattes kommt um 18.00 Uhr nach Hause und begrüßt fröhlich und unbeschwert seine Mutter. Sie ist erleichtert, dass ihr Sohn wieder heil zu Hause ist und gleichzeitig aber auch verärgert, weil er zu spät gekommen ist, ohne Bescheid zu sagen. Sie sagt: „Ich bin froh, dass du heil wieder zu Hause bist! Weil du unpünktlich bist, habe ich mir Sorgen gemacht und mich geärgert. Ich möchte, dass du dich an unsere Verabredung hältst, damit ich mich auf dich verlassen kann!"

Das Benennen von echten, ehrlichen Gefühlen ist ein wesentliches Merkmal von Ich-Botschaften. Gefühle vorzutäuschen ist nicht nur sinnlos, sondern auch kontraproduktiv. Der Gesprächspartner spürt in jedem Fall die Diskrepanz, ist irritiert und reagiert dann in den meisten Fällen auf der Beziehungsebene

Wenn das unangemessene Verhalten eines Menschen Gefühle wie Ärger, Trauer oder Enttäuschung ausgelöst hat, ist es wichtig, ihm dieses möglichst zeitnah und konkret zurückmelden. Benannt wird sachlich die Ausgangslage (z. B.: „Heute Morgen stand ich mit Pauls Mutter an der Gruppenraumtür.“) und das Verhalten („Da hast du mich mit den Worten: ‚Du bist heute Morgen schon wieder zu spät gekommen!‘ angesprochen.“). Mit Ich-Botschaften benennen Sie ihr Gefühl, das dadurch ausgelöst worden ist. („Ich fühlte mich bloßgestellt, und das war mir der Mutter gegenüber peinlich und hat mich geärgert.“) Nun kann die andere Person ebenfalls mit Ich-Botschaften reagieren. Vielleicht ist sie erschrocken, weil sie die Situation anders empfunden und/oder weil sie etwas ganz anderes gemeint hat.

Ein wichtiger Aspekt bei Ich-Botschaften ist die **nonverbale Sprache** (Mimik, Gestik). Durch sie werden die verbalen Aussagen stimmig, d.h. kongruent und glaubwürdig. Oder es fallen Unstimmigkeiten auf, z. B. wenn der Gesprächspartner lächelnd sagt: „Das macht mich ganz traurig!“ oder: „Eigentlich bin ich wütend.“ In diesem Fall können Sie Ihre Wahrnehmung der Diskrepanz z. B. mit den Worten benennen: „Sie sagen, Sie seien traurig, und gleichzeitig lächeln Sie. Das verunsichert mich. Ich weiß nicht, ob Sie traurig sind oder ob Sie ein anderes Gefühl haben.“ Oder: „Ich habe das Gefühl, Sie sind nicht so sehr wütend, weil Sie das so freundlich sagen.“ Oder: „Für mich ist das gerade nicht stimmig, weil das, was Sie sagen, für mich nicht zu dem passt, was Sie mir vermitteln. Kann es sein, dass (ich habe das Gefühl, dass ...) Sie anders empfinden?“

AUFGABE allein

Formulieren Sie folgende Sätze in Ich-Botschaften um:

* „Immer kommst du zu spät zu unserer Verabredung!“
* „Du räumst nie deine Spielsachen weg, immer muss ich dir hinterher räumen!“
* „Wenn Sie Ihrer Tochter weiterhin Kekse zum Frühstück mitgeben, wird sie nie abnehmen.“
* „Ich habe Kopfschmerzen, weil du zu laut bist!“

AUFGABE im Team

Sammeln Sie Du-Botschaften, die Sie im Kita Alltag hören oder sagen, und formulieren Sie diese gemeinsam in Ich-Botschaften um. Tauschen Sie sich darüber aus, was Ihnen an Ich-Botschaften gefällt, und was Ihnen an deren Formulierung schwerfällt.

3.3 Präzises und wertfreies Formulieren

„Die Sprache ist Quelle der Missverständnisse."

(Antoine de Saint-Exupéry: Der kleine Prinz, Freiburg, Herder Verlag, 1985, S. 66)

Auch wenn die Sprache eine Quelle der Missverständnisse sein kann, so ist sie doch auch das einzige Mittel, diese Missverständnisse wieder aufzulösen.

Menschen kommunizieren durch ein Zusammenspiel von verbaler Sprache (Worte) und nonverbaler Sprache (Mimik, Gestik, Tonfall). Damit möglichst wenige Missverständnisse auftreten, ist eine präzise, kongruente Ausdrucksweise notwendig. Bei einer gelungenen Verständigung drücken sich die Gesprächsteilnehmer klar und verständlich aus. In diesem Fall passen Körpersprache und Tonfall zum Gesagten und den ausgedrückten Gefühlen.

Im Kita Alltag gibt es viele Situationen, die zu Unstimmigkeiten und Missverständnissen führen können:

- Die Eltern bringen ihr Kind mitten in den Morgenkreis.
- Sie holen ihr Kind zu spät ab.
- Sie füllen die Wechselwäsche nicht auf.
- Sie bringen ihr Kind in die Kita, obwohl es krank ist.
- Kollegen räumen ihre Sachen nicht weg
- Mitarbeiter halten sich nicht an Absprachen

Viele Erzieherinnen kennen folgenden Spruch: „Es gehören immer zwei Personen dazu, damit Konflikte entstehen": eine, die Grenzen überschreitet oder Absprachen nicht einhält, und eine, die diese Grenzüberschreitung zulässt.

Es ist unbedingt notwendig, selbstkritisch zu reflektieren, was der eigene Anteil bei den Unstimmigkeiten oder Regelverstößen ist. Selbst wenn die Regeln klar definiert sind – z. B. die Eltern sollen die Kinder vor dem Morgenkreis bringen – fällt es vielen pädagogischen Fachkräften schwer, diese Regeln den Eltern gegenüber durchzusetzen. Dafür gibt es natürlich verschiedene Gründe:

- Angst unfreundlich zu wirken oder sein,
- Angst vor der Reaktion der Eltern,

* Unsicherheit im Umgang mit den Eltern,
* fehlende Klarheit,
* zu wenig Unterstützung durch Kollegen („die anderen Gruppenleitungen sagen ja auch nichts.") oder die Leitung.

Was können pädagogische Fachkräfte tun, um sich abzugrenzen? Hier ist eine **klare** und **sachliche Sprache** wichtig. Je *früher* Sie ein Ärgernis ansprechen, desto leichter fällt es Ihnen, freundlich und sachlich zu bleiben. Haben Sie sich schon wochenlang über die Mutter, die ständig den Morgenkreis stört, geärgert, wird Ihr Ärger durch die Betonung, Körperhaltung und Mimik auf jeden Fall zum Ausdruck kommen. Eine sachlich korrekte Wortwahl ist unbedingt erforderlich, wenn Konflikte oder Unstimmigkeiten angesprochen werden. Hat sich der Ärger seit langem angestaut, werden die korrekten Worte durch die Stimmlage und Mimik überdeckt. Die echte Meinung, das echte Gefühl (der Ärger) wird auf jeden Fall beim Gegenüber ankommen.

Spricht eine pädagogische Fachkraft ein Familienmitglied das erste Mal auf das Zuspätkommen an, kann sie dies z. B. mittags oder nachmittags beim Abholen tun. Sie spricht die Mutter sachlich und freundlich an: *„Frau Bischof, Sie sind letzte Woche Montag, Dienstag und Donnerstag nach der festgelegten Bringzeit in die Kita gekommen. Ebenso heute Morgen. Sie haben Melanie in den Gruppenraum gebracht, obwohl der Morgenkreis bereits begonnen hatte. Das ist gegen unsere Absprachen. Falls Sie es einmal nicht vor 8.30 Uhr schaffen, warten Sie bitte mit Melanie vor dem Gruppenraum, bis wir die Tür öffnen."* Die Mutter könnte antworten: „Ich habe es dann aber eilig. Ich bin dann ja eh' schon spät dran und muss zur Arbeit. Ich kann dann nicht warten!" *„Ja, das verstehe ich und trotzdem ist ein Bringen in den Morgenkreis nicht möglich."* „Na ja, ich schiebe Melanie dann nur eben schnell in den Gruppenraum." *„Nein, das geht nicht. Wenn der Kreis begonnen hat, dürfen die Kinder nicht mehr übergeben werden."*

Was könnte die Erzieherin tun, wenn Frau Bischof nun trotzdem später kommt und Melanie eben schnell in den Kreis bringen will? Wenn sie den Kreis beginnt, weiß sie, dass Melanie nicht da ist. Ist sie mit einer Kollegin in der Gruppe, könnte sie die Mutter an der Tür erwarten und sie freundlich auf das Gespräch verweisen und sie noch einmal bitten, auf dem Flur zu warten. Kommt sie in den Kreis, steht die Fachkraft auf, begleitet Frau Bischof und Melanie auf den Flur mit der Bitte, hier zu warten. (Der Kreis ist dann sowieso unterbrochen durch die Störung.)

In den meisten Fällen führt eine solche klare, eindeutige und gleichzeitig freundlich bestimmte Ansprache zum Erfolg.

Die schwerste aller Sprachen ist der Klartext.

Dieser Ausspruch klingt humoristisch, hat aber einen wahren Kern: Vielen Menschen fällt es schwer, klipp und klar zu sagen, was sie wollen und dabei freundlich zu sein. Sowohl im privaten als auch im beruflichen Alltag werden oft abschwächende Formulierungen wie „eigentlich“ (Näheres zur Verwendung des Wortes „eigentlich“, s. S. 68) oder „vielleicht“ verwendet.

BEISPIELE

* *„Eigentlich beginnt der Morgenkreis um 9.00 Uhr.“*
* *„Wir haben eigentlich bis 16.00 Uhr geöffnet.“*
* *„Vielleicht können Sie Julian vor dem Morgenkreis bringen.“*
* *„Sie müssen eigentlich noch das Geld für den Ausflug bezahlen.“*

Mit diesen Formulierungen werden Forderungen oder Aussagen eingeschränkt. Außerdem wird der Weg für ein Zuwiderhandeln der Eltern, Kollegen etc. geebnet, denn der Morgenkreis beginnt ja nur *eigentlich* um 9.00 Uhr. Das impliziert, dass der Kreis ja auch später anfangen könnte, oder auch einmal früher startet.

Die oben aufgeführten Anweisungen oder Aufforderungen sind unklar und unpräzise.

Eine klare Aussage ist:
* „Der Morgenkreis beginnt um 9.00 Uhr."
* „Wir haben bis 16.00 Uhr geöffnet."
* „Bringen Sie Julian vor dem Morgenkreis."
* „Sie müssen das Geld für den Ausflug bis morgen Mittag bezahlen."

Es gibt noch weitere Formulierungen, mit denen Aussagen oder Forderungen abgeschwächt werden:
* „Na ja, so schlimm ist ja auch wieder nicht."
* „Na ja, das kriegen wir schon wieder hin."
* „Oh, jetzt ist es kaputt! Ist nicht so schlimm."
* „Das war mein letztes Stück. Aber macht ja nix."
* „Ich wollte nur mal drauf hinweisen ..."

Wenn diese Sätze ernst gemeint sind, also ein bestimmter Vorfall wirklich nicht schlimm ist, dann kommt dies bei dem Gesprächspartner auch so an. In diesem Fall handelt es sich um eine ehrliche Aussage. Wird ein Vorfall dagegen doch als schlimm empfunden und das Gegenteil gesagt, kann das Gegenüber davon ausgehen, dass alles gut ist, obwohl es die Diskrepanz natürlich heraushört.

AUFGABE allein

In welchen Situationen fällt es Ihnen schwer, Klartext zu reden? Bei welchen Menschen fällt es Ihnen schwer, klare Worte zu finden? Was würde es Ihnen erleichtern zu sagen, was Sie meinen?

AUFGABE im Team

Sammeln Sie im Team die Situationen, in denen Sie die unausgesprochene Regel haben „um den heißen Brei zu reden". Für welche dieser Situationen können Sie gemeinsam vereinbaren, deutliche Worte zu benutzen?

Ansagen – Bitten – Wünsche –Aufforderungen

Oft werden Ansagen oder Aufforderungen als Frage, als Wunsch oder als Bitte formuliert. Dies geschieht meistens in der Annahme, eine klare Ansage sei unfreundlich. In diesem Zusammenhang ist öfter zu hören: „Ich will ja höflich sein." oder: „Ich traue mich nicht, mein Anliegen so klar auszusprechen, das klingt doch unfreundlich." Oder: „Darf ich das so eindeutig sagen?"

Die pädagogischen Fachkräfte hoffen natürlich, dass der/die Angesprochene die Aufforderung, (s. Kap. 3.1, S. 48) den Appell aus dem Kommunikationsquadrat von Schulz von Thun, hinter diesen abgeschwächten Formulierungen hört und auch so versteht. Sie erwarten dann die entsprechende Reaktion, also beispielsweise, dass Jonathan ab morgen pünktlich vor dem Morgenkreis gebracht wird. Manchmal klappt das auch, wenn die Angesprochene auf dem Appell-Ohr hört und bereit ist, entsprechend zu reagieren. Oftmals ist die Reaktion auf solch eine indirekte Aufforderung entweder Ignoranz oder Abwehr. In erstgenanntem Fall bringen die Eltern das Kind weiterhin, wann sie wollen. Bei Abwehr beginnen sie eine Diskussion über den Sinn oder Unsinn der Aufforderung, oder sie rechtfertigen ihr Verhalten.

BEISPIELE

* *„Es wäre schön, wenn Sie Jonathan vor dem Morgenkreis bringen könnten."*
  Diese Formulierung ist keine klare Aufforderung. Es wäre eben schön, wenn die Mutter rechtzeitig kommt, aber eine Notwendigkeit dazu wird so nicht zum Ausdruck gebracht.
* *„Können Sie Jonathan bitte vor dem Morgenkreis bringen?"*
  Dies ist ganz klar eine Bitte und keine Aufforderung. Einer Bitte kann nachgekommen werden oder sie wird abgelehnt. Meistens wird diese Formulierung als höflich empfunden und oft auch befolgt.
* *„Ich wünsche mir, dass Sie Claudia pünktlich abholen."*
  Mit diesen Worten äußern Sie einen Wunsch. Dieser kann – wie eine Bitte – erfüllt oder abgelehnt werden. Die Frage ist hier, ob es sich wirklich nur um einen Wunsch handelt. Oder ob Claudia pünktlich abgeholt werden soll. In diesem Fall muss es anders formuliert werden: „Wir haben bis 16.00 Uhr geöffnet. Bis dann muss Claudia abgeholt sein."
* *„Ich würde mir wünschen, dass Sie Claudia pünktlich abholten."*
  Diese Formulierung ist ein Konjunktiv, sie impliziert also, dass die Erfüllung unwahrscheinlich ist. Unklar ist, ob nur einen Wunsch ausgedrückt werden soll oder nicht. Die Chance, dass das Gegenüber darauf positiv reagiert, ist eher gering.

Insbesondere im Umgang mit Kindern bewährt sich eine klare Sprache mit eindeutigen Ansagen und kurzen Sätzen. Oft gibt es Ansagen, die als Frage formuliert werden:
Eine Erzieherin sagt zu den Kindern in der Gruppe: „Wir gehen jetzt raus, okay?" „Wir räumen jetzt auf, okay?" Das sind Fragen und keine Aufforderungen.

Wie verhält sich die Erzieherin, wenn Kinder sagen: „Nein, ich will nicht."? Nimmt sie sich selbst bzw. ihre eigenen Worte und die Kinder ernst, muss sie auch die Antwort ernst nehmen und drinnen bleiben.

Natürlich sind solche Fragen nicht ernst gemeint, weil es keine Fragen sind, sondern Ansagen. Dann ist es sinnvoll, diese Ansagen auch entsprechend zu formulieren: „Wir gehen jetzt alle raus in den Garten." „Wir räumen jetzt gemeinsam auf."

Manchmal wird eine Frage gestellt, ohne dass sie wirklich ernst gemeint ist, denn die/der Fragende hat schon Antworten im Hinterkopf. Nicht wirklich ernst gemeinte Fragen bezüglich der oben aufgeführten Beispiele könnten dann so formuliert sein:
„Wollen wir jetzt rausgehen?" oder „Wollen wir jetzt aufräumen?"

Bestimmt erleben viele pädagogischen Fachkräfte Eltern, die ihr Kind beim Abholen fragen: „Wollen wir jetzt mal los?" Manche Eltern fangen nach diesem Satz ein Gespräch mit anderen Eltern an oder stellen der Erzieherin noch eine Frage. Das ist dann für die Kinder verwirrend, weil das Handeln den Worten widerspricht. Kinder wissen dann oft nicht, wie sie sich verhalten sollen. Wenn die Eltern wirklich losgehen wollen, ist es keine ernst gemeinte Frage. In vielen Fällen reagieren die Kinder gar nicht oder sagen: „Nein, ich muss erst noch Meike Tschüss sagen." Besser ist folgende Formulierung: „Ich möchte jetzt mit dir nach Hause gehen." Oder „Wir gehen jetzt los."

Gibt es keine freie Wahl, sondern nur zwei oder drei Alternativen, oder besteht keine Wahl, ist die Frageform unfair.

Hüten Sie sich vor Fragen, deren Antwort Sie nicht hören wollen!

Wenn also eine Frage (ob offen oder geschlossen) gestellt wird, muss die Antwort – wie auch immer diese ausfällt – konsequenterweise akzeptiert werden. Fragen lassen dem Gegenüber die freie Wahl. Eine Abgrenzung ist somit nicht möglich. Können aber beispielsweise tatsächlich nur zwei Alternativen angeboten werden, bietet sich die Alternativfrage an, z. B.: „Können Sie Dienstag oder Mittwoch am Vormittag kommen?" Mit der Alternativfrage wird die Wahl eingeschränkt. Die zur Wahl stehenden Optionen werden benannt. Damit kann sich die pädagogische Fachkraft gut abgrenzen, denn bevor sie fragt, entscheidet sie, was sie selbst möchte.

BEISPIEL

Kommen wir zurück zum einführenden Beispiel auf S. 9: Würde Erzieherin Nina das Mädchen fragen: „Was würde dich denn trösten?" oder: „Was möchtest du denn?" oder „Wo möchtest du denn hin?" und Paulina antwortete darauf: „Mama!", dann müsste sie Paulina zu ihrer Mutter bringen. Tut sie das nicht, nimmt sie sich selbst, ihre Frage und das Kind nicht ernst. Nina kann stattdessen eine Alternativfrage stellen: „Möchtest du auf den Arm oder möchtest du allein laufen?" „Möchtest du ein Buch anschauen oder auf den Flur?"

AUFGABE allein

Achten Sie in Ihrem Gruppenalltag auf die Aufforderungen, die Sie als Fragen oder Bitten formulieren. Schreiben Sie diese auf. In der Vorbereitungszeit überlegen Sie: Wie können Sie eine Aufforderung eindeutig formulieren? Reflektieren Sie sich selbst: Was ist der Grund für die Formulierung einer Bitte/Aufforderung in der Frageform?

AUFGABE im Team

Die Mitarbeiter haben die von ihnen verwendeten Formulierungen in der Frageform notiert und in die Besprechung mitgebracht. Suchen Sie gemeinsam eindeutige Formulierungen. Schauen Sie auch die jeweiligen Gründe für unklare Äußerungen an. Hier ist es wichtig, dass dies ohne jede Wertung geschieht, denn jede/-r hat seine eigenen Gründe. (Jedes Verhalten macht Sinn) Finden Sie nun gemeinsam, was Sie jeweils brauchen, um sich eindeutig ausdrücken zu können. Dies wird sehr unterschiedlich sein: mal eine Ermutigung durch das Team, mal ausreichende Informationen. Manchmal reicht es zu wissen, dass ein bestimmtes Verhalten im Team üblich ist.

Verwendung des Wortes „eigentlich“

Das Wort „eigentlich“ ist in aller Munde, es wird sehr häufig verwendet. Meistens geschieht dies mehr oder weniger unbewusst.

BEISPIELE

* *„Eigentlich wollte ich noch zum Sport.“*
* *„Wir haben eigentlich nur bis 16.00 Uhr geöffnet.“*

Auf die Frage „Wie geht es dir?“ kommt manchmal die Antwort: „Eigentlich gut.“
Doch wie geht es der Person, die sagt: „Eigentlich gut.“? Wissen Sie das? Ist gemeint: „So weit gut, aber ich habe Rückenschmerzen.“? Wir wissen es nicht, denn die Antwort bleibt unklar.

Mit dem Wort „eigentlich“ wird die Aussage eingeschränkt. Sie wird hierdurch schwammig, ausweichend, unklar.

„Das Wort eigentlich führt im Gespräch zu Unklarheit, Interpretationsspielraum und zur Abgabe der Verantwortung für das Gesagte. Ich verlasse damit den mir eigenen Bereich meiner Aussage, meines Standpunktes und deklassiere diesen. Die getroffene Aussage wird abgewertet, vermindert oder sogar verneint."

(Nussholz, Santosh Ralph: Eigentlich ist nur was für Unklare, unter www.gestaltvision.de/component/content/article.html?id=44:eigentlich [15.09.2017])

Verwenden Sie Einschränkungen mit „eigentlich" so sparsam wie möglich. Im Kita-Alltag sind klare Aussagen zielführender und deshalb zu bevorzugen.

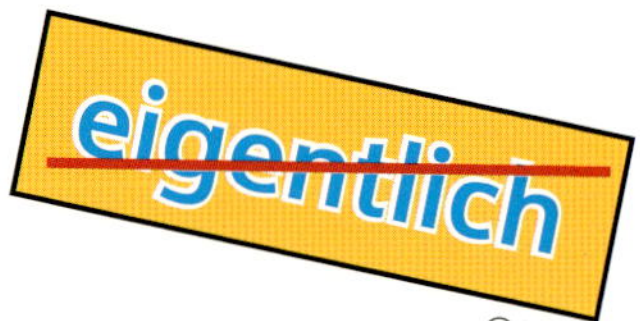

©Beier

Wozu gibt es dann so ein Wort? Beobachten lässt sich Folgendes: Menschen benutzen das Adverb „eigentlich", wenn sie sich unsicher sind und sich nicht festlegen wollen. Auch Menschen, die nicht hinter ihrer Aussage stehen, verwenden eine einschränkende Formulierung mit „eigentlich". Auch Personen, die sich nicht trauen oder unsicher sind, ob sie eine Aussage so klar treffen dürfen oder können, schränken ihre Worte vorsichtshalber mit „eigentlich" ein. Sie nutzen es, um auszuweichen oder wenn Situationen, Rahmenbedingungen unklar sind. So kann sie niemand auf ihre Aussage festnageln.

Fallbeispiel

In der Kita ist der Tagesablauf strukturiert: Bis 8.30 Uhr können die Kinder gebracht werden. Dann ist wird aufgeräumt, und um 8.45 Uhr beginnt der Morgenkreis. Das wissen alle Eltern. Erzieherin Laura ist noch relativ neu in der Einrichtung, sie hat erst vor zwei Monaten als Gruppenleiterin dort angefangen. Sie sitzt mit den Kindern im Morgenkreis, als Frau Schröder ihre Tochter Anna durch die Tür in den Raum schiebt. Sie kommt fast jeden Morgen zu spät in den Kindergarten. Laura ärgert sich immer wieder darüber und heute Mittag spricht sie Frau Schröder an:

„Frau Schröder, Sie haben Anna heute Morgen erst um kurz vor neun Uhr gebracht. Da saß ich eigentlich mit den Kindern bereits im Morgenkreis. Es stört die Kinder und den Ablauf sehr, wenn Sie Anna da mittenrein bringen."

„Ja, ach, ich habe es nicht früher geschafft. Wann beginnt denn der Morgenkreis?"

„Eigentlich beginnen wir um 8.45 Uhr."

Fazit: Die Erzieherin benutzt zwei Mal das Wort „eigentlich" und schränkt damit ihre eigenen Aussagen ein. Zunächst mit dem Satz: „Da saß ich eigentlich mit den Kindern bereits im Morgenkreis." Laura saß bereits mit den Kindern im Morgenkreis, das ist Fakt. Danach mit der Antwort: „Eigentlich beginnen wir um 8.45 Uhr." Mit dieser Antwort öffnet Erzieherin Laura den zu spät kommenden Eltern Tür und Tor. Sie fängt ja nur *eigentlich* um 8.45 Uhr an, also kann es auch mal zu einer anderen eventuell späteren Zeit sein. Gleichzeitig würde Sie sich selbst mit der klaren Aussage disziplinieren: „Wir beginnen um 8.45 Uhr." Denn daran müssen sich neben den Eltern auch alle Erzieherinnen halten.

Im Alltag werden zahlreiche Sätze verwendet, in denen durch die Verwendung des Adverbs „eigentlich" eine Aussage eingeschränkt wird.

BEISPIELE

* *„Eigentlich habe ich um 16.00 Uhr Feierabend."*
* *„Eigentlich sollt ihr jetzt aufräumen."*
* *„Ich wollte eigentlich pünktlich zur Dienstbesprechung gehen, aber ..."*
* *„Das darfst du eigentlich nicht."*
* *„Du sollst die Kinder eigentlich nicht hauen."*
* *„Ist Marlon eigentlich schon abgeholt?"*
* *„Das Sommerfest beginnt eigentlich erst um 15.00 Uhr."*
* *„Die Kinder brauchen eine Pause und sollen deshalb eigentlich vor dem Laternelaufen für eine Stunde abgeholt werden."*
* *„Wir haben eigentlich keine festen Plätze am Tisch."*
* *„Wie ist das eigentlich mit den Überstunden geregelt?"*
* *„Was ist denn eigentlich aus dem Streit mit Frau Meier geworden?"*

Die Gründe für die Einschränkung durch das Adverb „eigentlich" können vielfältig sein. Erzieherinnen

* sind neu und wissen nicht, wie genau es in der Kita mit der Pünktlichkeit genommen wird.
* sind Berufsanfänger/-in und trauen sich noch nicht, den Eltern selbstbewusst und klar gegenüberzutreten.
* befürchten, dass die Eltern sich sowieso nicht an die Regeln halten.
* befürchten, durch klare Aussagen unfreundlich zu wirken.
* kennen die Familie und wollen sich nicht auf eine endlose Diskussion einlassen.
* finden den streng geregelten Tagesablauf in der Kita nicht gut und das pünktliche Bringen nicht so wichtig.

Manchmal wissen Menschen selbst noch nicht genau, was sie (sagen) wollen. Dann kann die schwammige Formulierung mit „eigentlich" ein Ausdruck des Suchens oder Nachdenkens sein.

Es hilft, sich klar zu werden, was Sie – sagen – wollen, dann kann die Einschränkungen durch „eigentlich" weglassen. Verwendet der Gesprächspartner das Wort „eigentlich", um seine Aussage zu relativieren, so kann dies als Anzeichen für bestehende Unklarheiten gesehen werden.

AUFGABE allein

Achten Sie im Kita-Alltag auf die Sätze, in denen Sie das Wort „eigentlich" verwenden. Schreiben Sie die ersten fünf Sätze auf. In der Vorbereitungszeit überlegen Sie: Bei welchen Sätzen können Sie das „eigentlich" einfach weglassen? Und was ist der Grund für dessen Verwendung, wenn Sie es nicht weglassen können? Kennen Sie die im Beispiel auf S. 67 verwendeten Sätze? Welche Formulierung könnten Sie stattdessen wählen?

AUFGABE im Team

Die vorherige Aufgabe wird zunächst allein bearbeitet. Jede/-r bringt die Sätze mit, bei denen sie/er das „eigentlich" nicht weglassen kann. Gemeinsam schauen Sie die jeweiligen Gründe an. Hier ist es wichtig, dass dies ohne jede Wertung geschieht, denn jede/-r hat seine persönlichen Gründe. (Jedes Verhalten macht Sinn.) Überlegen Sie nun gemeinsam, was jede/-r von Ihnen braucht, um Einschränkungen mit „eigentlich" weglassen zu können. Dies kann sehr unterschiedlich sein: mal eine Ermunterung, mal eine sachliche Information, mal die Rückendeckung im Team oder von der Leitung.

3.4 Positives Formulieren

Das Wort „nicht" kann vom menschlichen Gehirn nur schwer verarbeitet werden. Die Aufforderungen „Schau nicht nach unten" bei Höhenangst oder „Denk bei deiner Angst vor Spinnen bloß nicht immer an Spinnen!" funktionieren nicht. Da das Gehirn die Negation „nicht" schlecht verarbeiten kann, wird nur „Schau nach unten" bzw. „Denk an Spinnen" registriert und somit oftmals das Gegenteil erreicht. Eine negative Aussage mit „nicht" oder „keine/-r" kann das Gehirn verwirren.

Für alle Aufforderungen gilt daher: Formulieren Sie Ihre Aussagen positiv, sonst bleibt die Negativformulierung hängen.

Das kennen viele wohl auch von der sog. **sich selbst erfüllenden Prophezeiung (engl. self-fulfilling prophecy)**. Durch eine negative Formulierung wird ein Ereignis vorhergesagt bzw. provoziert. Der Gesprächspartner erst durch die Aufforderung darauf gebracht, genau das zu tun, was er gerade nicht tun soll.

BEISPIEL

Ein Mädchen klettert auf einen Baum. die Mutter ruft aufgeregt: „Dass du da bloß nicht runterfällst!". Durch das Rufen der Mutter wird das Kind irritiert und erst auf die Idee gebracht, dass es herunterfallen könnte (bislang hatte es vor, auf dem Baum zu bleiben). Noch extremer ist der Satz: „Pass auf, du fällst!" Damit fordert die Mutter ihre Tochter (ungewollt) nahezu auf, herunterzufallen. Sagt sie dagegen ruhig: „Halt' dich gut fest!", so ist dies eine positive Formulierung, die beim Kind richtig ankommt.

„Negative Aussagen wie ‚Sprich bitte nicht so laut' sind oft schnell gesagt, weil sie nicht so viel Denkarbeit für denjenigen, der diese Bitte formuliert, erfordern. Wer so formuliert, muss nur daran denken, was er im Moment gerne abstellen bzw. nicht mehr haben möchte, und nicht, was er denn eigentlich stattdessen haben möchte.

Wir verstehen ‚Nicht-Sätze' schwieriger, da wir uns zuerst die gegenteiligen Konsequenzen zu dem Satz überlegen müssen, und das gilt auch für denjenigen, der zum Beispiel einer Aufforderung nachkommen soll – und für den ist es dann manchmal einfacher, die Aufforderung zu ‚verwerfen'."

(Rubenbauer, Alexander: Warum Sie negative Aussagen durch positive ersetzen sollten, unter www.alex-rubenbauer.de/psychologie/876/warum-sie-negative-aussagen-durch-positive-ersetzen-sollten/ [15.09.2017])

Im Alltag wird oft die „Nicht Form" benutzt: „Hast du das wirklich nicht gewusst?" Wie antworten Sie darauf, wenn Sie es nicht gewusst haben? Mit „Nein"? Dann bestätigen Sie, den betreffenden Sachverhalt gewusst zu haben, denn in der Frage steckt das Wort „nicht". Haben Sie es nicht gewusst, ist die richtige Antwort „Ja, das habe ich nicht gewusst." Ein anderes Beispiel: „Ist Susanne noch nicht da?" Wenn Susanne noch nicht da ist, wird meistens mit „Nein" geantwortet. Das ist eine doppelte Verneinung. Demzufolge wäre Susanne da. Ist sie nicht da, muss korrekt mit „Ja, sie ist nicht da", geantwortet werden. Oder: „Hast du gar keine Angst?" Wer angstfrei ist, antwortet: „Ja, ich habe keine Angst."

Im Kita-Alltag werden zahlreiche „nicht-Sätze" verwendet.

BEISPIELE

„Seid nicht so laut!", „Rennt hier nicht rum!", Hier wird nicht gehauen!", „Du sollst nicht mit Stöcken werfen!", „Pass auf, wirf dein Glas nicht um!", „Nimm dir nicht so viel auf den Teller, das schaffst du nicht!" usw.

Vielleicht haben einige von Ihnen schon die Erfahrung gemacht, dass Kinder auf solche Aufforderungen leicht irritiert oder verlangsamt reagieren. Manchmal reagieren sie ganz anders, als erwartet. Die Kinder hören das Wort „nicht“ nicht und tun dann genau das, was ihnen gerade untersagt wurde, sie sind also laut, rennen, schlagen sich usw.

Gehirnstrommessungen der Tufts University in Boston (vgl. Psychological Science: When the Truth Is Not Too Hard to Handle: An Event-Related Potential Study on the Pragmatics of Negation) zeigten, dass sich der Denkapparat besonders bei falschen Verneinungen schwertut – im Alltag sollte daher lieber positiv formuliert werden.

Erwachsene haben bereits viele Handlungspläne entwickelt und wissen, was sie stattdessen tun können. Kinder entwickeln diese im Laufe ihres Lebens immer mehr. Je jünger sie sind, desto präziser sollen die Aufforderungen an sie sein. Sie wissen manchmal einfach noch nicht, was sie statt des unerwünschten Verhaltens tun könnten. Wenn Sie dem Kind sagen es soll nicht rennen, nicht hauen, dann versteht es irgendwann, was es lassen soll. Gleichzeitig braucht das Kind eine Idee, was es stattdessen tun kann: z. B. leise sein oder flüstern, bzw. langsam gehen. Kinder brauchen klare Handlungsanweisungen, was sie tun sollen.

Psycholinguistische Forschungen haben ergeben, dass das menschliche Gehirn positive Aussagen zu 48 % schneller verarbeitet als negative (vgl. Rickeit, www.dashoefer.de/dasfibuwissen/warum-einfach,-wenn-es-auch-kompliziert-geht, [07.04.2010]).

BEISPIELE

* Kinder reißen Blätter vom Baum ab.
  Statt zu sagen: „Du sollst die Blätter nicht abreißen!“,
  sagen Sie: *„Lass die Blätter am Baum!“*

* Kinder schauen beim Einschenken woanders hin:
  Statt zu sagen: „Du sollst nicht woanders hinschauen.“ oder: „Schenk dir nicht zu viel ein, sonst läuft es über.“,
  sagen Sie: *„Schau hin, was du machst.“*
  Oder *„Schau dein Glas an beim Einschenken.“*

* Ein Kind trampelt mit den Füßen am Esstisch.

Statt zu sagen: „Du sollst nicht trampeln.“ oder schlimmer, weil zu allgemein: „Wir trampeln nicht beim Essen!“ (wir machen das nicht, aber das Kind tut es ja gerade),
sagen Sie: *„Halt’ deine Füße still.“*

* Kinder schreien beim Anziehen in der Garderobe.
  Statt zu sagen: „Schreit hier nicht so rum!“,
  sagen Sie: *„Seid leise!“*

* Ein Kind klettert auf die Fensterbank.
  Statt zu sagen: „Fall da bloß nicht runter!“ oder: „Pass auf, du fällst!“, sagen Sie: *„Halte dich gut fest!“*

* Ein Kind, Max, haut Viola.
  Statt zu sagen: „Du sollst nicht hauen!“ oder: „Hier wird nicht gehauen!“, sagen Sie: *„Lass das! Ich möchte, dass du mit Viola sprichst, wenn du etwas von ihr willst!“*

* Ein Kind, Vivien, nimmt Peter die Schaufel weg.
  Statt zu sagen: „Du sollst den anderen Kindern nicht die Spielsachen wegnehmen!“, oder: „Wir nehmen hier nicht anderen Kindern die Sachen weg!“,
  sagen Sie: *„Vivien, gib Peter die Schaufel zurück!“*

* Ein Kind, Lola, wurde von einem anderen Kind, Marlon, gehauen und schubst diesen nun so kräftig, dass Marlon umfällt.
  Statt zu sagen: „Du sollst nicht schubsen, auch wenn du gehauen wurdest!“ oder: „Ich will nicht, dass ihr schubst.“, sagen Sie: *„Lola, sag ‚Nein‘, wenn Marlon etwas tut, was du nicht willst!“*

* In Gefahrensituationen reicht oft ein *„STOPP!“* Oder: *„Lass das!“*

Natürlich gelten die Ausführungen auch für Negativ-Formulierungen mit „kein/keine“.

Die hier beschriebenen „Nicht Formulierungen“ werden Ihnen nun oftmals auffallen. Anfangs fällt es schwer, sie wegzulassen. Es wird immer leichter, je öfter Sie darauf achten, sie zu vermeiden. Mit den oben aufgeführten Ersatz-Sätzen wird eine Auswahl an positiven Formulierungen angeboten, die stattdessen verwendet können.

AUFGABE allein

Formulieren Sie aus den folgenden Sätze positive Aussagen:
„Du sollst das Kind nicht schlagen!"
„Lass die Schüssel nicht fallen!"
„Mach nicht schon wieder in die Hose!"
„Schneide dir nicht in den Finger!"
„Sei nicht so laut und wecke nicht die anderen Kinder auf!"
„Keiner geht raus, bevor ich das erlaube!"

AUFGABE im Team

Notieren Sie alle „Nicht Sätze" aus Ihrem Alltag. Suchen Sie gemeinsam nach positiven Formulierungen.

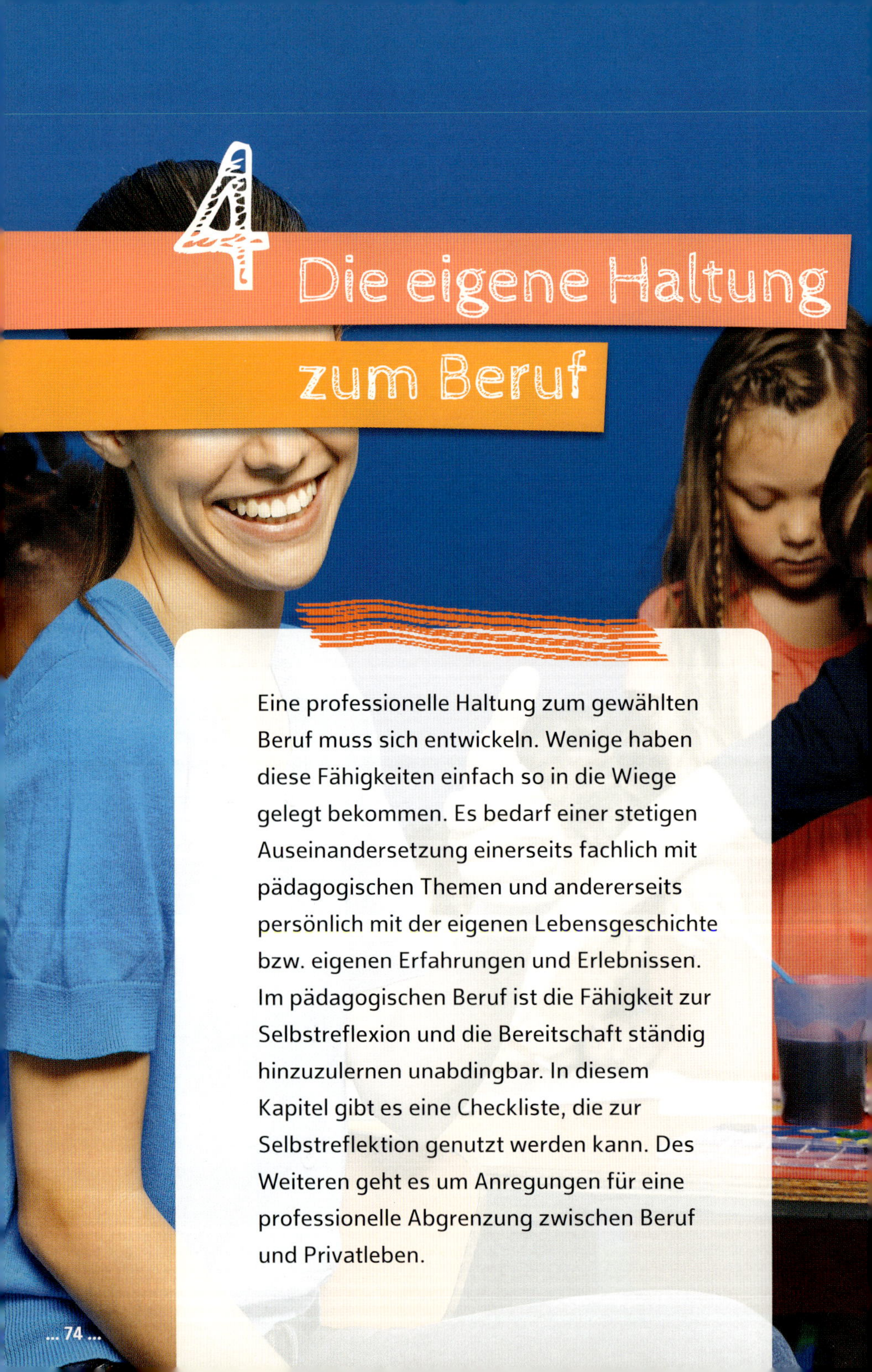

4 Die eigene Haltung zum Beruf

Eine professionelle Haltung zum gewählten Beruf muss sich entwickeln. Wenige haben diese Fähigkeiten einfach so in die Wiege gelegt bekommen. Es bedarf einer stetigen Auseinandersetzung einerseits fachlich mit pädagogischen Themen und andererseits persönlich mit der eigenen Lebensgeschichte bzw. eigenen Erfahrungen und Erlebnissen. Im pädagogischen Beruf ist die Fähigkeit zur Selbstreflexion und die Bereitschaft ständig hinzuzulernen unabdingbar. In diesem Kapitel gibt es eine Checkliste, die zur Selbstreflektion genutzt werden kann. Des Weiteren geht es um Anregungen für eine professionelle Abgrenzung zwischen Beruf und Privatleben.

EIGENE NOTIZEN

4

4.1 Entwickeln einer professionellen pädagogischen Haltung

„Warum bist du Erzieherin geworden?“ Auf diese Frage antworten manche pädagogischen Fachkräfte in etwa so: „Weil ich Kinder gern mag und mit ihnen arbeiten möchte.“ oder: „Weil ich es toll finde, mitzuerleben, wie Kinder sich entwickeln. Dabei möchte ich sie unterstützen.“ „Die sind ja so süß die Kleinen, deshalb möchte ich unbedingt mit Kindern unter 3 Jahren arbeiten!“ So äußerte sich eine Bewerberin bei einem Vorstellungsgespräch als Erzieherin.

Eine derartige Motivation reicht natürlich nicht, um den Beruf professionell und erfolgreich ausüben zu können.

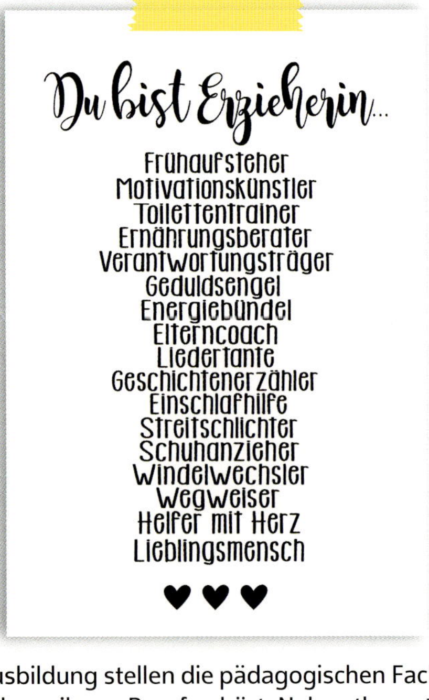

Während der Ausbildung stellen die pädagogischen Fachkräfte dann fest, wie viel mehr zu ihrem Beruf gehört. Neben theoretischem Wissen,

z. B. über die Entwicklung des Kindes, Kommunikationstheorien, Didaktik und Methodik, ist die Selbstreflexion eine unverzichtbare Fähigkeit. Zur Selbstreflexion gehört u. a., dass Erzieherinnen ihr eigenes pädagogisches Handeln hinterfragen.

Sie müssen ihr Verhalten, ihre Wortwahl und ihre Gefühle immer wieder überprüfen. Dies ist notwendig, um einerseits sich selbst unter anderem zu fragen: was tue ich gerade und aus welcher Motivation heraus? Andererseits ist die Selbstreflexion auch notwendig, um eine professionelle Distanz zu den Kindern und ihren Familien, den Kollegen und den Widrigkeiten und schwierigen Situationen des Alltags in der Kita einnehmen zu können.

Eine Reflexion ist im Team meistens schwerer als allein. Sich im Team zu öffnen und auch Schwächen oder Fehler zu offenbaren, fällt vielen schwer. Das ist im stillen Kämmerlein für sich allein doch leichter. Andererseits bietet die Reflexion im Team jedoch auch viele Chancen.

Fragen zur Selbstreflexion

* Wie habe ich in der Situation gehandelt?

____

____

* Was habe ich wortwörtlich gesagt?

____

____

* Wie war mein Tonfall?

____

____

* Wie war meine Körpersprache?

____

____

* Habe ich gesagt, was ich gemeint habe?

* Wenn dies nicht der Fall war: Was habe ich wirklich gemeint, sagen wollen?

* War mein Verhalten angemessen?

* Was war die Motivation meiner Reaktion?

* Welches Gefühl hat meine Reaktion beeinflusst oder ausgelöst?

* Was habe ich zu der Situation beigetragen?

* Was ist mir gut gelungen? *und*

* Was habe ich dadurch erreicht?

* Habe ich das Anliegen des Kindes wahrgenommen?

* War ich beim Gefühl/Bedürfnis des Kindes? *oder*

* War mein Handeln durch mein eigenes Bedürfnis motiviert?

* Was kann ich nächstes Mal anders oder besser machen?

* Wer oder was würde mir dabei helfen?

AUFGABE allein

Kopieren Sie die Fragen zur Selbstreflexion. Denken Sie noch einmal an die Situation oder das Gespräch zurück, das Sie reflektieren wollen. Gehen Sie die Fragen durch, beantworten Sie diese ehrlich und selbstkritisch. Leiten Sie anschließend aus den Antworten ggf. ein zukünftig anderes Vorgehen oder das weitere Handeln ab.

AUFGABE im Team

Einigen Sie sich zunächst einvernehmlich auf verbindliche Umgangs- und Kommunikationsregeln für eine gemeinsame Reflexion. Dies ist meist leichter mit einer Moderation. Legen Sie dann eine Reihenfolge der Fälle fest, anschließend stellt die/der Erste ihren/seinen Fall kurz und sachlich vor. Das Team darf Verständnisfragen stellen, aber nicht kommentieren. Anschließend analysiert die pädagogische Fachkraft, die ihren Fall vorgestellt hat, ihre eigene Rolle und beschreibt, was sie gut gemacht hat und was sie in Zukunft anders machen würde. Nun geben die Teammitglieder eine wertschätzende und zugleich auch kritische Rückmeldung zum Handeln des Kollegen.

4.2 Pädagogischer Stil und Menschenbild

In den ersten Berufsjahren festigen sich meistens der eigene pädagogische Stil und das Menschenbild. Dieses ist entscheidend für die Art und Weise wie die Erzieherinnen mit den Kindern, Eltern und Kollegen umgehen.

„Eine professionelle Haltung ist ein hoch individualisiertes Muster von Einstellungen, Werten, Überzeugungen, das durch einen authentischen Selbstbezug und objektive Selbstkompetenzen zustande kommt. Wie ein innerer Kompass ermöglicht sie die Stabilität, Nachhaltigkeit und Kontextsensibilität des Urteilens und Handelns – zum Beispiel im Hinblick auf die Möglichkeiten, Bedürfnisse und Fähigkeiten von Kindern, Eltern oder KollegInnen."

(Göttinger Prozesse für Erziehung und Bildung. Copyright Dr. Karl Gebauer, Interview mit Prof. Dr. Claudia Solzbacher, unter www.goe-keb.de/solzbacher_interview/ [15.09.2017])

Im Laufe unseres Lebens machen wir Unmengen an Erfahrungen – sowohl positive als auch negative. Wir entwickeln Bindungen zu unseren Eltern und Geschwistern. Manchmal sind diese tief und stabil und geben Halt und Sicherheit. Manchmal sind diese auch unsicher und erschweren es, ein gutes Selbstwertgefühl zu entwickeln. Spätestens im Kindergarten bekommen Kinder intensiveren Kontakt zu zunächst fremden Menschen. Zu diesen entwickeln sie eine Beziehung und Vertrauen. Auch hier sammeln sie Erfahrungen im Umgang mit anderen Personen und Systemen. Es werden andere Verhaltensweisen erforderlich und neue Handlungspläne entwickelt und ausprobiert. Die ersten Normen und **Werte** erfahren Kinder natürlich in ihrer Familie. Diese sind bei regionalen und kulturellen Gleichheiten auch immer individuell unterschiedlich. Kinder lernen z. B., was gut und was böse ist, wobei Werte und Normen hier von Familie zu Familie abweichen können. Kinder entwickeln ein Selbstbild von sich im Kontakt zu den Eltern und anderen wichtigen Menschen aus ihrer Umgebung. All diese Erfahrungen tragen zu den Selbstkompetenzen bei und es entstehen Überzeugungen, Vorlieben und Wertevorstellungen. All dies kommt in den „Rucksack" (s. S. 17) der Erfahrungen.

In einem lebenslangen Prozess werden diese Erfahrungen immer wieder angepasst und erweitert. In der Ausbildung und dem beruflichen Alltag baut jeder Einzelne auf diesen individuellen Fähigkeiten und Erfahrungen auf. Durch neue Informationen und gelerntes Fachwissen, z.B. über Entwicklungspsychologie, Aufgabenfelder, Gruppenzusammenhänge etc., lernen wir unsere persönlichen Erfahrungen vom beruflichen Kontext zu differenzieren. Dies hilft auch dabei, eigene Bedürfnisse von denen der Kinder, Eltern und

Teammitglieder zu unterscheiden. Wir können empathisch Bedürfnisse anderer wahrnehmen und deren Relevanz einordnen. In diesem Prozess der Auseinandersetzung mit eigenen Erfahrungen, dem fachlichen Wissen und neu gewonnen Erkenntnissen entwickelt sich die eigene pädagogische Haltung.

Eine **professionelle pädagogische Haltung** ist absolut notwendig, damit eine entwicklungsförderliche Beziehung zu den Kindern (Kinder lernen nur in Beziehung zu anderen Menschen) und Eltern entstehen kann. Gleichzeitig ist dieses die Grundlage für eine gesunde und gelingende Abgrenzung zu den Familien und deren Problemen. Oft verschwimmen die Grenzen und pädagogische Fachkräfte machen sich Gedanken oder Sorgen über Probleme der Familien (s. das Dreieck der Verantwortung, Kap. 2.3, S. 33). Dies führt zu einer Belastung im Berufsalltag, welche dazu führt, dass der Fokus von der eigentlichen Aufgabe – nämlich Bildung und Betreuung der Kinder in der Gruppe – abgelenkt wird. Die Folgen sind meistens Unruhe in der Gruppe, Diskrepanzen im Team und auch Spannungen mit den Eltern. Es läuft unrund in der Gruppe. Hier hilft es, sich z. B. mithilfe der Kompetenzbereiche (s. Kap. 2.2, S. 27) und des Kreises des Einflusses (s. Kap. 2.3, S. 42) gegenüber den Problemen anderer abzugrenzen. Dann kann der Blick und die Aufmerksamkeit wieder frei auf die Kinder gelenkt werden. Auch dieses Sortieren und Neufokussieren auf die tatsächlichen Aufgaben gehören zu einer professionellen Haltung im Beruf.

Empathie ist für eine Erzieherin eine wichtige Fähigkeit und Ausdruck der pädagogischen Einstellung. Mit Empathie fühlt sich die pädagogische Fachkraft in die Kinder und Eltern ein, sie kann von ihrer eigenen Position in die „Rolle" der anderen schlüpfen und diese verstehen. Dies ist eine der Voraussetzungen, um das pädagogische Verhältnis – also die Beziehung zu den Kindern zu gestalten. Empathisch sein bedeutet, dass sich die pädagogische Fachkraft in andere Menschen hineinfühlen kann, ohne mit diesen deren Gefühle zu teilen. Sie kann also z. B. Kummer, Trauer, Ärger nachvollziehen, ohne mitzuleiden. Auf diese Weise kann sie ein Kind sachlich und ernsthaft zurechtweisen, ohne dass sie selbst richtig wütend über dessen Fehlverhalten ist. Im nächsten Augenblick kann sie sich umdrehen und ein anderes Kind freundlich und aufmunternd anlächeln.

BEISPIEL

Joel nimmt Alina das Spielzeug weg. Alina weint und ist offenbar ärgerlich und traurig. Nun kann die Erzieherin Alinas Gefühl empathisch nachempfinden, ohne selbst traurig oder ärgerlich zu werden. So kann sie einfühlsam zu Alina sagen: „Ich sehe, dass du weinst. Ich kann verstehen, dass du traurig bist." Und zu Joel ebenfalls freundlich: „Joel, schau mal: Alina weint, weil du ihr das Spielzeug weggenommen hast. Gib es ihr zurück!"

In der Kita handeln die Erzieherinnen in einem beruflichen Kontext und nicht im privaten Rahmen. Hier ist ein professioneller Abstand unerlässlich. Nur so können pädagogische Fachkräfte persönliche Motivation, persönliche Anliegen oder Befindlichkeiten wahrnehmen und im professionellen Sinne davon unabhängige pädagogische Entscheidungen fällen.

Für die meisten Menschen scheint es schwer zu sein klar, eindeutig und kongruent zu kommunizieren. Um das tun zu können, müssen sich pädagogische Fachkräfte zunächst einmal selbst über folgende Punkte klarwerden:

* Was will ich wirklich?
* Was darf ich in beruflichen Zusammenhängen tun?
* Was wird von mir erwartet in der Rolle als Erzieher/-in, Gruppenleiter/-in, Kita-Leiter/-in/Zweitkraft/Teammitglied?
* Was fühle ich dabei?
* Wer und welches Verhalten haben dieses Gefühl ausgelöst?
* Wie ist meine pädagogische Haltung?
* Was ist meine private, persönliche Meinung?
* Was möchte oder will ich mitteilen?
* Was will ich erreichen?
* Was muss ich tun, um mein Ziel zu erreichen?
* Wen muss ich ansprechen?
* Wer kann mich unterstützen?
* Habe ich alle Informationen, die ich brauche?

AUFGABE allein

Überlegen Sie: Haben Sie sich den Beruf der Erzieherin so vorgestellt, wie Sie ihn jetzt in der Praxis erleben? Wie hat sich Ihr eigenes pädagogisches Handeln entwickelt? Wer oder was hat Sie geprägt?

AUFGABE im Team

Welche pädagogische Grundhaltung gibt es im Team? Was ist Ihnen einzeln und gemeinsam besonders wichtig in der Arbeit mit den Kindern?

4.3 Erziehungspartnerschaft statt Elternarbeit

Ein wesentlicher Unterschied zwischen der – herkömmlichen – Elternarbeit und der Erziehungspartnerschaft kann wohl darin gesehen werden, dass erstere deutlich anstrengender war als die zweite. Der Begriff **Elternarbeit** sagt es schon: Erziehende *arbeiten* an und/oder mit den Eltern. Sie sagen ihnen, was das Beste für die Familie, für das Kind sei. Auf diese Weise ist eine Abgrenzung von den Problemen und Sorgen der Familie eher schwierig. Oft genug fühlten sich pädagogische Fachkräfte verantwortlich und in der Pflicht, die Probleme der Familien zu lösen. Sie richteten den Blick sozusagen auf die Familie, standen ihr quasi gegenüber. Das allerdings ist gar nicht der Auftrag. Dieser besteht vielmehr in der Bildungs- und Erziehungsarbeit mit den Kindern in der Kita.

Ebenso sagt der Begriff **Erziehungspartnerschaft** viel aus: Pädagogische Fachkräfte gehen mit den Eltern eine Partnerschaft ein. Beide Elternteile und eine Bezugserzieherin sind die Partner bei der Erziehung und Bildung der Kinder. Statt dass die Erzieherin auf die Familie schaut, den Eltern quasi gegenübersteht, richten nun beide, Eltern und Erzieherin, den Blick auf das Kind. Dies hat zur Folge, dass sie sich nicht mehr gegenüberstehen, sondern gleichberechtigt nebeneinander. Das Wohl des Kindes ist das gemeinsame Ziel.

Definition: Erziehungspartnerschaft
Erziehungspartnerschaft begreift die Zusammenarbeit von Eltern und Erzieherinnen in Kindertageseinrichtungen. Der Aspekt der Zusammenarbeit unterscheidet Erziehungspartnerschaft von Elternarbeit.

„Bei der Erziehungspartnerschaft handelt es sich hier nicht um einen einseitigen Informationsfluss, ausgehend von der Erzieherin hin zu den Eltern. Erziehungspartnerschaft ist vielmehr ein partnerschaftlicher Lernprozess: Eltern und Erzieherinnen diskutieren über Ziele und Methoden der Erziehung von Kindern, die dabei auftauchenden Probleme und Lösungsvorschläge. Dabei bringen Eltern und Erzieherinnen gleichberechtigt ihre spezifischen Kompetenzen für das Kindeswohl in die Erziehungspartnerschaft ein."

(Deutscher Verein für öffentliche und private Fürsorge, 1997) (Quelle: http://www.kasu.lu/kasunoma/eltern-in-der-kita-notwendige-bedingung-oder-unumgaengliches-uebel/)

Zu einer Partnerschaft gehören Ehrlichkeit, Respekt, Toleranz und Vertrauen. Dies alles muss erst entstehen, und das beginnt schon bei der Anmeldung des Kindes in der Kita. Wie werden die Familien empfangen, wie gehen die Eltern mit den pädagogischen Fachkräften in der Kita um? Natürlich gehören auch Differenzen und Streit dazu, die durch eine gelungene Kommunikation geklärt werden können.

Denken Sie beim Begriff „Partnerschaft“ an Ihre private Beziehung: In einer gelungenen Partnerschaft sind beide Parteien gleichberechtigt und gleichwürdig. (Den Begriff gleichwürdig hat Jasper Juul geprägt. Er ist ein dänischer Familientherapeut und hat das Kempler Institute of Scandinavia in Odder in Dänemark gegründet. Er hat zahlreiche Bücher über Familienbeziehungen und Erziehung verfasst, vgl. Juul, Jasper, Die kompetente Familie, S. 73). Sie begegnen sich auf Augenhöhe. Jeder trägt seinen Beitrag zum Gelingen der Partnerschaft bei, mal der eine mehr, mal der andere mehr, insgesamt ist es ausgewogen. Es würde auf die Dauer nicht gutgehen, wenn zum Beispiel bei einem Paar, bei dem beide Partner voll berufstätig sind, der eine den gesamten Haushalt und die Gartenarbeit allein übernehmen müsste.

Nehmen wir doch die Partnerschaft mit den Eltern – und damit auch die Eltern – ernst. Das bedeutet, jeder hat seine Aufgaben und Anteile, die zu einem Gelingen beitragen. Damit diese klar sind, ist es notwendig, dass die Eltern das pädagogische Konzept und die Regeln in der Kita kennen. Das wiederum setzt voraus, dass es ein Konzept gibt und dass sich das Team mit der Leitung über bestimmte Regeln geeinigt hat.

BEISPIELE:

Eine Regel ist:	*Die Kinder sollen vor dem Morgenkreis gebracht werden.*
Zu klären ist:	*Wie gehen wir damit um, wenn Eltern die Kinder in den Morgenkreis bringen?*
Eine Regel ist:	*Die Kinder sollen Gummistiefel und Regenkleidung in der Kita haben.*
Zu klären ist:	*Was machen wir, wenn Eltern die Sachen nicht mitbringen?*
Eine Regel ist:	*Die unter dreijährigen Kitakinder kinder machen einen Mittagsschlaf.*
Zu klären ist:	*Wie reagieren wir, wenn die Eltern von uns verlangen, das Kind wach zu halten, damit es keinen Mittagsschlaf mehr macht?*

Je klarer die Regeln und je transparenter diese für Eltern sind, desto weniger Missverständnisse und Diskussionen gibt es. Es ist gut, wenn klar ist, wer welche Entscheidungen trifft und an welcher Stelle gemeinsam beraten werden kann.

Dies gilt natürlich auch für die **Erziehungspartnerschaft** mit den Eltern: Wer hat welche Aufgaben? Wer hat wo etwas zu bestimmen? Für die übergeordnete Zusammenarbeit in den Gremien, z. B. im Elternbeirat, gibt es üblicherweise Richtlinien. Für die konkrete Zusammenarbeit zum Wohle des Kindes in der Kita gibt es so etwas eher seltener in schriftlicher Form. Gleichwohl gibt es in einer Kita Abläufe, wie beispielsweise regelmäßige Entwicklungsgespräche, Elternabende, Feste etc. Dort sind Beteiligung und Aufgaben der Eltern geregelt. So gibt es z.B. für Entwicklungsgespräche einen Fragebogen, den die Eltern vorab erhalten und ausfüllen können. Die Erzieherin hat u. a. die Aufgabe, die Eltern über den Entwicklungsstand des Kindes zu informieren. Dies gilt auch für Auffälligkeiten, besondere Vorkommnisse im Alltag oder Förderbedarf.

Doch was ist, wenn die Eltern ihren Part nicht wahrnehmen? Was ist beispielsweise, wenn Eltern trotz mehrfacher Ansprachen nicht zum Entwicklungsgespräch kommen? Dann können die Erzieherinnen keines führen, dann gibt es diesbezüglich auch keine Partnerschaft. Die pädagogischen Fachkräfte können in dem Fall nur ihre Wahrnehmungen schriftlich festhalten – wie bei der Vorbereitung auch – und diese Ausführungen mit dem Vermerk, dass die Eltern kein Gespräch wünschen, abheften. Dabei ist immer wichtig, dass eine Kindeswohlgefährdung ausgeschlossen ist.

AUFGABE allein

Nehmen Sie eine Liste mit allen Familien aus Ihrer Gruppe. Gehen Sie gedanklich jede einzeln durch:
Wo findet aus Ihrer Sicht tatsächlich eine gelungene Erziehungspartnerschaft statt? Was trägt dazu bei, dass sie gelingt? Was ist die Basis? Als nächstes nehmen Sie die Familien, bei denen die Erziehungspartnerschaft besser laufen könnte. Was ist hier anders? Was verhindert Ihrer Meinung nach einen gemeinsamen Blick auf das Kind? Was könnten Sie zu einem partnerschaftlichen Kontakt auf Augenhöhe beitragen?

AUFGABE im Team

Überprüfen Sie gemeinsam: Ist eine Erziehungspartnerschaft konzeptionell hinterlegt? Sind die Rahmenbedingungen klar? Ist ein Ziel definiert? Sind die jeweiligen Aufgaben, Rechte und Pflichten beschrieben?

4.4 Abgrenzung durch die Anrede: Duzen – Siezen

In vielen pädagogischen Einrichtungen duzen sich alle Fachkräfte einschließlich der Leiterin/des Leiters mit den Eltern. Insbesondere in ländlichen Gebieten ist dies oft anzutreffen. Man kennt sich von früher, trifft sich beim Einkaufen, ist im gleichen Sportverein, trifft sich auf dem Schützenfest, vielleicht sogar in der Sauna.

Jüngere pädagogische Fachkräfte sagen oft, dass sie geduzt werden möchten, dass sie sich komisch fühlten, wenn Eltern sie siezen würden. Woran liegt das? Es lohnt sich, sich selbst diesbezüglich zu hinterfragen.

Auch kommt oft – besonders bei der Arbeit mit unter 3-jährigen Kindern – das Argument: „Ich bin so nah am Kind, erlebe auch intime Momente, da käme es mir befremdlich vor, wenn die Eltern mich siezen würden." „Mit dem ‚Du' ist es viel vertrauter und es kommt zu mehr Nähe. Die würde mit einem ‚Sie' gar nicht entstehen können."

Tageseltern argumentieren: „Die Eltern kommen doch in meine Wohnung, da geht Siezen gar nicht."

Aus professioneller Sicht ist gerade dann ist das Siezen notwendig. Schließlich üben die Erzieherinnen ihren Beruf aus, ob zu Hause oder in der Kita. Sie arbeiten mit den Kindern und Familien, diese sind in der Regel nicht ihre Freunde. Und sollten dies auch nicht sein. Ein schwieriges Konfliktgespräch mit einer befreundeten Familie zu führen ist sehr schwer. Das kennen alle, die das Kind eines Kollegen oder gar der Chefin in ihrer Gruppe haben. Dann sind sie selbst und die Mutter in einer Doppelfunktion (Chefin – Mitarbeiter, Mutter – Erzieherin) miteinander im Kontakt.

Es ist daher sinnvoll, sich mit allen Eltern zu siezen und diese Regel auch für alle Mitarbeiter einer Einrichtung gleichermaßen festzulegen. Anfangs fällt dies den jüngeren Berufsanfängern oft schwer, aber sie akzeptieren diese Regelung natürlich. Nach ein paar Monaten sagen sie meistens: „Ich bin so froh, dass wir uns mit allen Eltern siezen. Unangenehmes mitzuteilen, fällt mir mit dem ‚Sie' viel leichter." „Die Eltern nehmen mich – obwohl ich jünger bin als sie – als pädagogische Fachkraft ernst. Das war beim Duzen anders."

Das Abgrenzen – auch von familiären Problemen der Eltern – fällt mit dem Siezen leichter. Auch eine professionelle Haltung und Distanz zu den Kindern und ihren Eltern ist einfacher zu bewahren. Den Eltern wird deutlicher, dass Sie eine berufliche – keine private – Beziehung zu ihnen und ihrem Kind haben.

In diesem Zusammenhang steht auch das Thema **Babysitten**. Es kommt immer wieder vor, dass Eltern die pädagogischen Fachkräfte auf das Betreuen ihrer Kinder im privaten Rahmen ansprechen, z. B. wenn sie ausgehen wollen oder berufliche Termine haben. Dieses Anliegen ist durchaus verständlich. Schließlich kennen sich Kind und Erzieherin gut und sind miteinander vertraut. Außerdem ist die Erzieherin eine qualifizierte Fachkraft, die den Job viel besser kennt als ein junges Mädchen oder ein junger Mann aus der Nachbarschaft. Das Vertrauen ist bereits da. Und viele Erzieherinnen verdienen sich auch gern noch etwas Geld hinzu, insbesondere, wenn sie keine Vollzeitstelle haben.

Aus professioneller Sicht sollten Erzieherinnen auf keinen Fall bei Kindern aus der Einrichtung babysitten. Eine Vermischung von Berufs- und Privatsphäre ist durch den Aufenthalt in dem privaten Haushalt der Eltern unvermeidlich. Neutralität und professionelle Wahrnehmung der Familie gehen verloren.

Das Gleiche gilt für Freundschaften bei Facebook oder in sonstigen sozialen Netzwerken. Welche pädagogische Fachkraft möchte wirklich, dass die Eltern sehen, was sie postet?

In manchen Kitas ist es üblich, dass jede Erzieherin sich duzen oder siezen kann, wie und mit wem sie will. Das ist besonders problematisch, weil es für die Eltern keine durchschaubare, klare Regel für den Umgang miteinander gibt. Von Eltern ist in diesen Fällen oftmals zu hören: „Ich weiß gar nicht, wie ich wen ansprechen soll. Das verunsichert mich total." „Die andere Mutter duzt sie, wieso mich nicht? Mag sie mich oder mein Kind nicht?"

Aus professioneller Sicht ist das **allgemeine Siezen** zwischen Eltern und Personal in Kitas die beste Variante. Es gibt Kindertageseinrichtungen, in denen die Kinder die Erzieherinnen mit dem Familiennamen und „Sie" ansprechen – wie dies in der Grundschule oft auch üblich ist. Das Siezen fällt den unter 3-jährigen Kindern besonders schwer, wahrscheinlich weil sie immer „Du" und ihren Vornamen hören. Meistens sprechen die Kinder die Erzieherinnen mit ihren Vornamen an und duzen das pädagogische Personal. Die Eltern verwenden dagegen den Vornamen oder Familiennamen und „Sie".

Wenn das Siezen keine Option in der Kita ist, sollte sich das Team einheitlich verhalten. Also entweder duzen alle Erzieherinnen *alle* Eltern oder es siezen sich *alle* Erwachsenen.

AUFGABE allein

Duzen oder Siezen: Was favorisieren Sie selbst? Bei welchen Eltern fällt Ihnen das Siezen oder Duzen schwer? Was genau macht es so schwer? Was befürchten Sie, wenn Sie vom Du zum Sie wechseln würden?

AUFGABE im Team

Welche Vorgaben gibt es vom Träger? Welche Form praktizieren Sie in Ihrer Kita? Wird diese Variante von allen getragen? Sind sich alle Kollegen einig?

4.5 Entscheiden/eine Wahl haben

Im Zusammenhang mit einer professionellen, für alle Seiten gesunden Distanz im Beruf ist es gut, sich darüber im Klaren zu sein, dass jeder Mensch immer eine Entscheidungsmöglichkeit hat. Niemand ist den Situationen und Anforderungen hilflos und wahllos ausgeliefert. Natür-

lich gibt es strukturelle Rahmenbedingungen, die nicht durch einzelne Personen verändert werden können. Gleichzeitig kann sich ein Mensch beispielsweise entscheiden, zu bestimmten Bedingungen zu arbeiten oder sich eine andere Arbeitsstelle suchen.
Es gibt immer wieder Situationen, da besteht der Eindruck, keine Wahl zu haben: Man muss arbeiten gehen, früh aufstehen, dringend abnehmen, mehr Sport machen, zur Fortbildung gehen etc.

Manche Menschen haben den Eindruck, sie könnten über ihr Leben nicht selbst entscheiden. Das Gefühl, etwas tun zu müssen und keine Wahl zu haben, macht oft hilflos und ärgerlich. Sie werden wütend auf:

- den Vermieter: Wäre die Wohnung billiger, müssten sie weniger arbeiten,
- den Träger, der einen so schlechten Personalschlüssel umsetzt,
- die Kollegen, die sie mobben oder ihnen die unbeliebten Arbeiten aufdrücken,
- das Wetter: regnete es nicht so viel, würden sie öfter joggen,
- die Fortbildung: wenn sie da nicht hingehen müssten, könnten sie bei dem schönen Wetter im Garten sitzen und grillen.

Manche Menschen werden sogar wütend auf Gegebenheiten, wie das Wetter oder Termine, die sie nicht verändern können. Das alles ist verschenkte Energie. Es macht das Tun nur sehr viel schwerer und anstrengender. Es führt zu nichts und ändert nichts.

Verändern lässt sich nur die eigene Haltung, denn jeder Mensch hat immer eine Wahl!

Auch wenn es manchmal so scheint, als gäbe es keine Wahl, so täuscht dies. Jeder hat eine Wahl und trägt gleichzeitig deren Konsequenzen. Dies belegen die folgenden Beispiele:

- Möchte ich weniger arbeiten, suche ich mir eine günstigere Wohnung oder eine WG.
- Möchte ich bessere Arbeitsbedingungen schaue ich, ob ein anderer Arbeitgeber mir diese bietet.
- Ich warte auf die Regenpause und jogge los.
- Ich entscheide mich, an der Fortbildung teilzunehmen und freue mich auf das Neue, das ich lernen kann.

In diesem Zusammenhang macht schon die Formulierung einen wesentlichen Unterschied. Statt *ich muss*, können Sie sagen: *ich will* oder ich mache. Ich habe mich entschieden und gehe jetzt zur Fortbildung, obwohl die Sonne scheint (statt: *ich muss jetzt* ...).

Wir können uns nicht *nicht* entscheiden, wir entscheiden vielmehr immer! Keine Entscheidung ist auch eine Entscheidung. Wer keine Entscheidung trifft, entscheidet sich dafür, anderen die Entscheidung zu überlassen. Dann allerdings muss diese auch hingenommen werden. Meistens ist das dann der Moment, in dem die betroffene Person sich doch entscheidet.

AUFGABE allein

Fragen Sie sich: Fällt es Ihnen leicht sich zu entscheiden? Welche Entscheidungen fallen Ihnen leicht und bei welchen tun Sie sich schwer?

AUFGABE im Team

Wer darf welche Entscheidungen fällen? Werden diese dann akzeptiert oder eher diskutiert oder sogar unterlaufen?

4.6 Kopfkino: Gedanken über Gedanken

Vor vielen Situationen oder Gesprächen machen manche Menschen sich zu oft Gedanken:

* Wir wird er/sie das aufnehmen?
* Wenn ich jetzt um Hilfe bitte, findet sie das bestimmt aufdringlich.
* Wenn ich die Eltern auf ihre Unpünktlichkeit anspreche, finden die mich bestimmt unhöflich.
* Wenn ich den Eltern sage, dass ich jetzt Feierabend habe und deshalb nicht mehr mit ihnen sprechen kann, finden sie mich unfreundlich und desinteressiert.

Derartige Gedanken können als „Kopfkino" beschrieben werden. Die befürchtete Situation und die diesbezüglichen Gedanken der Kommunikationspartner finden nur in den Köpfen und Gedanken statt. Niemand kann wissen, was eine andere Person empfindet oder denkt. Ebenso wie andere nicht wissen können, was man selbst denkt, empfindet oder will.

Menschen machen sich oft Gedanken für andere Menschen, wollen helfen oder Ratschläge geben. Allerdings geht das dann meistens schief, weil sie ihr Gegenüber doch falsch eingeschätzt haben.

Viele Situationen können leicht geklärt werden, indem das Thema direkt und sachlich angesprochen wird. Interpretationen können als Fragen formuliert werden, dann handelt sich um ein Angebot, welches nicht als feste Tatsache beim Gegenüber ankommt.

Durch das „Kopfkino" werden viele Möglichkeiten ausgeschlossen, die bei einer offenen wertfreien Haltung zur Verfügung stünden.

BEISPIEL

Sabine will ihre Freundin spontan besuchen. Dann beginnt sie nachzudenken und stellt folgende Überlegungen an:

- *Wie findet sie das?*
- *Vielleicht ist sie gar nicht zu Hause, und ich fahre vergeblich hin.*
- *Vielleicht liegt sie grad entspannt mit einem Buch auf der Couch und möchte nicht gestört werden.*
- *Bestimmt traut sie sich nicht, mir das so zu sagen und lässt mich widerwillig rein.*
- *Vielleicht hat sie nicht aufgeräumt, und es ist ihr nun peinlich, dass ich das Durcheinander sehe. Dabei bin ich froh, dass es bei ihr genauso normal zugeht wie bei mir.*

Nach diesen ganzen Überlegungen bleibt sie dann doch zu Hause. Dabei könnte es auch sein, dass ihre Freundin sich sehr über Sabines spontane Idee gefreut hätte und ihr außerdem ein Gespräch mit ihr gutgetan hätte. Das hat sie verpasst, weil sie für ihre Freundin gedacht hat, ohne den Wahrheitsgehalt dieser Gedanken mit ihr abzuklären.

Zu diesem Thema gibt es auch eine schöne Geschichte, die Paul Watzlawick im seinem Buch „Anleitung zum Unglücklichsein" veröffentlicht hat.

Die Geschichte mit dem Hammer

Ein Mann will ein Bild aufhängen. Den Nagel hat er, nicht aber den Hammer. Der Nachbar hat einen. Also beschließt unser Mann, hinüberzugehen und ihn auszuborgen. Doch da kommt ihm ein Zweifel: Was, wenn der Nachbar ihm den Hammer nicht leihen will? Gestern schon grüßte er ihn nur so flüchtig. Vielleicht war er in Eile. Aber vielleicht war die Eile nur vorgeschützt, und er hat etwas gegen ihn. Und was? Er hat ihm nichts angetan; der bildet sich da etwas ein. Wenn jemand von ihm ein Werkzeug borgen wollte, er gäbe es ihm sofort. Und warum sein Nachbar nicht? Wie kann man einem Mitmenschen einen so einfachen Gefallen ausschlagen? Leute wie der Kerl vergiften einem das Leben. Und dann bildet der Nachbar sich noch ein, er sei auf ihn angewiesen. Bloß weil er einen Hammer hat. Jetzt reicht's ihm aber wirklich. Und so stürmt er hinüber, läutet, der Nachbar öffnet, doch noch bevor er „Guten Morgen" sagen kann, schreit ihn unser Mann an: „Behalten Sie Ihren Hammer, Sie Rüpel!"

(Watzlawick, 1987, S. 37)

AUFGABE allein

Fragen Sie sich: Wie oft läuft bei Ihnen das Kopfkino? In welchen Situationen malen Sie sich vorher besonders viele Varianten aus? Was beeinflusst Ihre Entscheidung am ehesten?

AUFGABE im Team

Welche Kopfkino „Filme" werden öfter in Ihrem Kita-Team gedreht? Wem nützen diese? Beeinträchtigen oder fördern sie Entscheidungen im Team?

5 Voraussetzung für eine sichere Präsenz

Erzieherinnen, die eine professionelle Bildungsarbeit leisten und Erziehungspartnerschaft kompetent gestalten, müssen für ihre Gegenüber präsent sein. Das bedeutet, sie zeigen ihre Persönlichkeit, ihr Fachwissen, ihre pädagogische Haltung und ihr Menschenbild. Je sicherer sich die pädagogischen Fachkräfte in ihrer Rolle fühlen, desto leichter gelingt es ihnen, sich freundlich abzugrenzen und im eigenen Kompetenzbereich zu bleiben. Dadurch fällt es Eltern und Kinder leichter, Vertrauen zu entwickeln und die Grenzen einzuhalten.

EIGENE NOTIZEN

Ein sicheres und selbstbewusstes Auftreten fällt manchen Menschen offenbar ganz leicht. Sie ruhen in sich und wissen genau, was sie können, was sie dürfen und was sie wollen. Sie kennen ihre Grenzen, können diese benennen und auch zugeben, was sie nicht wissen oder können. Sie sind stets bei sich, sprechen in Ich-Botschaften und bleiben freundlich und sachlich, zunächst auch wenn sie angegriffen werden. Sie sind schwer aus der Ruhe zu bringen. Sie strahlen Souveränität und Zuversicht aus. Ist dieses alles echt und im angemessenen Rahmen ist es kongruent und wirkt vertrauenswürdig. Die Kommunikation ist wertschätzend, es ist nichts zu befürchten. Auch Konflikte können überwiegend sachlich besprochen und gelöst werden.

Bei solch einem Menschen fühlen andere sich sicher und geborgen. Sie glauben und vertrauen ihm und begegnen ihm offen und zugewandt.

Wenn die Kinder und Eltern auf diese Weise empfangen werden, geht es ihnen ebenso: Sie fühlen sich sicher und wohl, finden schnell Vertrauen zum pädagogischen Personal und können einander frei und unbeschwert begegnen.

Nun, das klingt alles ganz toll und jede/-r möchte wohl gern so auftreten. Auch wenn jeder Mensch selbstbewusst, sicher und überzeugend auftreten möchte, so gibt es erfahrungsgemäß eher weniger Menschen, die sich durchgängig selbstbewusst und sicher fühlen.

Immer wieder erleben wir selbst uns in bestimmten Situationen als selbstbewusst und souverän im Auftreten. Überlegen Sie einmal, in welchen Momenten Sie sich so fühlen. Die meisten Menschen empfinden das, wenn sie sich in Räumlichkeiten aufhalten, die sie gut kennen, in denen sie sich sicher und frei bewegen können. Sie fühlen sich gesund und fit, sind ausgeschlafen. Die Menschen, denen sie begegnen, sind ihnen vertraut, Sie kennen ihre Kollegen und mögen sie. Sie fühlen sich wohl, niemand will ihnen Böses. Sie fühlen sich sicher in ihrer Arbeit mit den Kindern und wissen im Großen und Ganzen, wie der Arbeitstag ablaufen wird.

Und dann gibt es die Momente, in denen Menschen sich unsicher fühlen. Vielleicht sind sie müde oder fühlen sich krank. Auch eine neue Arbeitsstelle verunsichert zunächst einmal: Es ist notwendig, sich in neuen Räumen zurechtzufinden und neue, fremde Kollegen kennenzulernen. Ebenso sind die Kinder und deren Familien neu und die Arbeitsabläufe noch unbekannt.

Menschen oder Situationen, die unter Druck setzen oder Angst machen, wirken ebenfalls verunsichernd. Auch gibt es immer wieder Vorfälle, in denen man überrumpelt wird und zunächst erschrocken oder ratlos/sprachlos ist. Dann beginnt das Schwitzen, Stottern oder Nuscheln, die Schultern sinken nach vorn und unten. Die Bewegungen werden fahrig und das Gefühl von Hilflosigkeit kommt auf.

Das alles wird immer wieder mal passieren, denn niemand kann sich auf alle Situationen vorbereiten. Allerdings gibt es Möglichkeiten, an der positiven persönlichen Ausstrahlung – auch in unangenehmen Situationen – zu arbeiten.

Als erstes ist die **Körperhaltung** wichtig. Mimik und Gestik sind bei der Kommunikation von großer Bedeutung. Manchmal wird vergessen, dass die Körperhaltung auch die eigenen Gefühle beeinflusst. Sie wirkt also nach Außen auf das Gegenüber und nach Innen auf das persönliche Selbstbewusstsein. Mit hängenden Schultern, gesenktem Blick und leiser Stimme kann sich niemand selbstsicher fühlen und wirkt dementsprechend unsicher.

Also: Brust raus! Richten Sie sich zu voller Größe auf, auch im Sitzen. Ziehen Sie die Schultern zurück, recken Sie den Hals und heben Sie den Kopf an. Das fühlt sich gleich ganz anders an, Sie haben mehr Körperspannung, die sich auch auf die Konzentration, Wachsamkeit und eine feste Stimme auswirkt.

An den **Gesten** der Hände zeigt sich die Nervosität. Kneten Sie die Hände? Spielen Sie mit dem Kugelschreiber? Dann spürt und sieht der Gesprächspartner die Anspannung. Sind Sie entspannt, liegen die Hände im Schoß oder auf dem Tisch. Sie können ein Getränk anbieten und sich daran „festhalten“. Sie brauchen die Hände auch für begleitende Gesten, die Ihre Worte unterstützen. Im Stehen kann auch eine Hand locker in die Hosentasche gesteckt und mit der anderen gestikuliert werden.

Neben der aufrechten Körperhaltung spielt natürlich auch die **Mimik** eine bedeutsame Rolle. Ein freundlicher, offener Gesichtsausdruck und ein Lächeln unterstützen die Körperhaltung und gesprochene Worte. Auch dieses wirkt positiv – sowohl nach außen als auch nach innen auf Ihre eigene persönliche Stimmung.

Die Mimik wirkt sogar am Telefon: Ihre Stimme klingt ganz anders, wenn Sie beim Sprechen lächeln.

Ein anderer Aspekt ist der **Tonfall**. Wenn Menschen wissen, was sie sagen wollen, dann können sie mit fester Stimme und freundlich zugewandtem Tonfall sprechen. Wollen Sie Ihr Gegenüber zu etwas Bestimmten überreden? (zur Selbstreflexion, s. S. 77). Dann wird dies am Tonfall und einer fordernden Stimme bemerkt. Meistens reagieren Menschen hierauf mit Ablehnung oder wenigstens zurückhaltend. Ist eine Person wirklich offen und empathisch, so spiegelt sich dies auch in ihrem Tonfall wider.

„Sie sollten sich unbedingt klarmachen, dass jedes Mal, wenn Sie sprechen, Ihr ganzes Sein spricht. Wenn Sie etwas sagen, sprechen auch Ihr Gesicht, Ihre Stimme, Ihr Körper, Ihr Atem und Ihre Muskeln.

Verbale Kommunikation	=	Wörter
Körper- und Stimm-/ Klang-Kommunikation	=	Gesichtsausdruck Körperhaltung Muskeltonus Atemfrequenz Klang der Stimme Gestik“

(Satir, 1990, S. 117)

Probieren Sie dies einmal aus (vielleicht vor dem Spiegel): Richten Sie sich auf, halten Sie Ihre Schultern und Kopf gerade – und ja, nehmen Sie ruhig auch die Nase hoch. Blicken Sie Ihrem Gegenüber offen in die Augen. Die Körperhaltung wirkt sich unmittelbar auf Ihr Gefühl aus, sie fühlen sich stärker und sicherer. So haben Sie gleich eine selbstbewusstere Ausstrahlung. Atmen Sie vorher in der aufrechten Haltung ein paarmal tief durch.

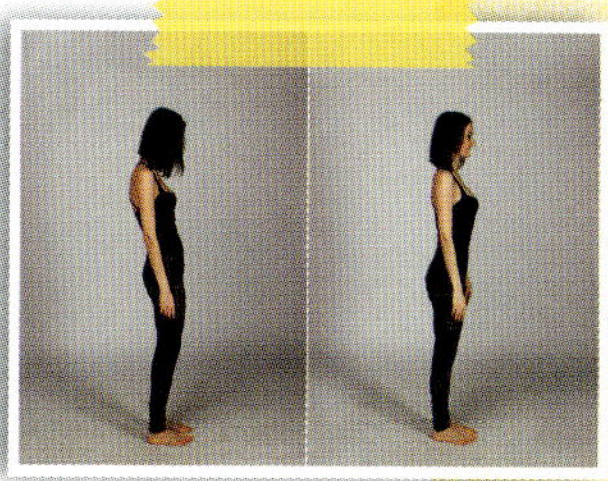

Überlegen Sie vor dem Gespräch, was und wie Sie etwas sagen möchten. Sprechen Sie dann mit fester Stimme, und zwar langsam und deutlich in kurzen Sätzen. Machen Sie nach einer Frage eine Pause, damit der Gefragte überlegen und antworten kann. Äußern Sie Ihr Anliegen in klaren eindeutigen Worten (s. Kap. 3.3, S. 58).

Hören Sie Ihrem Gegenüber aufmerksam zu. Bleiben Sie mit Ihren Gedanken bei dem gemeinsamen Thema. Wenn Sie während eines Gespräches Ihr Kopfkino laufen lassen, sind Sie abgelenkt. Dies wird natürlich bemerkt und oft als Desinteresse gewertet. Konzentrieren Sie sich unmittelbar vor dem Kontakt auf Ihre Stärken im Beruf und in der Kommunikation. Setzen Sie diese bewusst ein. Die folgenden Listen sollen Ihnen dabei helfen, sich Ihrer Stärken bewusst zu werden. Sie können von Ihnen selbstverständlich noch ergänzt werden.

Checkliste: Meine Stärken im Umgang mit Kindern

- Ich biete den Kindern eine herzliche und gleichzeitig professionelle, stabile Beziehung.
- Ich bin empathisch.
- Ich bleibe auch in hektischen Situationen ruhig.
- Ich nehme die einzelnen Kinder wahr und behalte gleichzeitig den Überblick über die Gruppe.
- Ich gebe klare Strukturen vor, die den Kindern eine gute Orientierung und Sicherheit geben.
- Ich kann innerhalb der Strukturen Ausnahmen machen und Individualitäten zulassen.
- Ich spreche die Kinder immer an, bevor ich etwas mit Ihnen tue (z. B. vor dem Lätzchen umbinden: „Hallo Nadine, ich binde dir jetzt dein Lätzchen um."
- Ich kann Fehlverhalten bei Kindern maßregeln, ohne selbst wütend zu werden.
- Ich gebe den Kindern Zeit, ihre eigenen Erfahrungen zu machen.
- Ich begleite die Kinder in ihrer Entwicklung, unterstütze sie, ohne sie zu drängen.
- Ich kann Kinder gut trösten, ohne selbst mit zu leiden.
- Ich kann gut mit Kindern lachen und Spaß haben.

- Ich bin zuverlässig und für die Kinder einschätzbar.
- Ich bin liebevoll konsequent.
- Ich kann gut beobachten.
- Ich kenne meine Bedürfnisse.
- Ich kann echte Bedürfnisse von vorgeschobenen Wünschen unterscheiden.

Checkliste: Meine Stärken im Umgang mit Eltern

- Ich bin empathisch.
- Ich bin Eltern gegenüber offen und zugewandt.
- Für mich sind alle Eltern/Familien gleich wichtig.
- Ich kann eine gute Erziehungspartnerschaft gestalten, auch mit den Familien, die mir weniger sympathisch sind oder deren Erziehungsstil mir weniger behagt.
- Ich kann bei Vorwürfen sachlich bleiben.
- Ich kann – auch bei Angriffen – gut die Selbstkundgabe heraushören.
- Ich kann mich gut abgrenzen.
- Ich kann gute Elterngespräche führen.
- Ich kann gute Entwicklungsgespräche führen.
- Ich kann Nein sagen.
- Ich kenne Methoden, mit denen ich den Eltern helfen kann, ihre eigenen Lösungswege zu finden.
- Ich bin freundlich.
- Ich begegne den Eltern mit Wertschätzung.
- Ich empfinde die Eltern als Experten für ihre Kinder.
- Ich respektiere das Familiensystem.
- Ich kann mich neben die Eltern stellen, um einen gemeinsamen Blick auf das Kind zu werfen.
- Ich habe Verständnis für die Sorgen und Probleme der Eltern.
- Ich kann meine persönliche Meinung zurückstellen, um den Eltern wertfrei zuzuhören.
- Ich kann den Eltern die Entwicklungsdefizite ihres Kindes sachlich beschreiben.
- Ich kann den Eltern beratend zur Seite stehen.

Checkliste: Meine Stärken in der Kommunikation

* Ich kann gut zuhören.
* Ich bin respektvoll.
* Ich kann mir Probleme anhören und mitfühlen, ohne mitzuleiden.
* Ich kann mich gut abgrenzen.
* Ich kann ein Gespräch gut vorbereiten.
* Ich kann gut Kollegen bei der Vorbereitung von Gesprächen unterstützen.
* Ich kann gut bei mir bleiben und in Ich-Botschaften sprechen.
* Ich kenne das Kommunikationsquadrat und die Ebene, auf der ich hauptsächlich spreche und das Ohr, auf dem ich hauptsächlich höre.
* Ich bin bereit, immer weiter zu lernen.
* Ich kann gut analysieren.
* Ich kann gut Wichtiges von Nebensächlichkeiten differenzieren.
* Ich kann gut den roten Faden behalten, Gesprächspartner beim Thema halten oder darauf zurückbringen.
* Ich bin einfühlsam und vertrauenswürdig.
* Ich bin verschwiegen.
* Ich bin gut strukturiert.
* Ich kann eine entspannte Gesprächsatmosphäre herstellen.
* Ich reflektiere mich und mein Verhalten regelmäßig.
* Ich kenne Feedback-Methoden.
* Ich bin offen für konstruktive und förderliche Kritik.

© Beier

Jede schwierige, verunsichernde Situation, die Sie gemeistert haben, gibt Ihnen mehr Sicherheit, Stärke und Selbstbewusstsein. Wenn es einmal gelungen ist, eine schwierige Situation zu bewältigen, wird dies voraussichtlich wieder gelingen, und zwar jedes Mal besser und leichter.

Mancher befürchtete Angriff oder manche Provokation wird auch ausbleiben, wenn man vorbereitet ist.

BEISPIEL

Erzieher Lars äußert sich gegenüber seiner Supervisorin: „Es ist nicht zu glauben: Da wollte ich ausprobieren, was wir geübt hatten und was ist? Nix ist. Der Vater kommt ganz entspannt rein, grüßt freundlich. Als wäre nie was gewesen! Dabei hätte ich so gern getestet, ob ich es so hinbekomme wie besprochen und wie er dann reagiert. Damit ich weiß, ob es funktioniert."

Wie kommt ein solcher Fall zustande? Ihr Gegenüber spürt intuitiv Ihre veränderte Haltung, Ihre selbstbewusstere Ausstrahlung. Es ahnt, dass Sie anders reagieren werden als sonst gewohnt und reagiert entsprechend auch anders.

Zum Abschluss dieses Kapitels soll ein Satz von Goethe zitiert werden, der dazu ermutigt, mit Veränderungen zu beginnen.

„Es ist nicht genug, zu wissen, man muss auch anwenden; es ist nicht genug, zu wollen, man muss auch tun."

(Johann Wolfgang von Goethe, in: Wilhelm Meisters Wanderjahre, Kap. 71)

AUFGABE allein

Erstellen Sie eine Liste: Welche Stärken haben Sie im Umgang mit den Kindern? Was gelingt Ihnen besonders gut im Kontakt zu den Eltern?

AUFGABE im Team

Machen Sie in der nächsten Teamsitzung eine Runde: Ein Teammitglied nimmt einen schönen Stein, eine Feder oder einen anderen Gegenstand in die Hand. Nun machen die Kollegen diesem Teammitglied Komplimente: Was denken Sie, ist eine Stärke der Person, was kann sie Ihrer Meinung nach besonders gut? Der Gegenstand wird weitergereicht, sodass alle einmal an der Reihe sind.

6 Herausforderungen im Kita-Alltag

Der Alltag in einer Kita ist meistens straff durchgeplant, und gleichzeitig passiert ständig etwas Unvorhergesehenes: Die Kollegin ist krank, ein fieberndes Kind wird schnell in der Gruppe abgegeben, während die Erzieherin gerade ein anderes Kind tröstet, ein Kind hat die Wasserkanne umgekippt, die Kindertoilette ist durch Klorollen verstopft usw. In diesem Kapitel werden einige Situationen und Möglichkeiten zu deren Bewältigung dargestellt.

EIGENE NOTIZEN

Im Kita-Alltag sind Erzieherinnen ständig verschiedenen Erwartungen ausgesetzt: Erwartungen der Kinder, der Eltern, der Kollegen, der Kita-Leitung, des Trägers und auch des gesellschaftlichen Umfeldes. Erzieherinnen haben sehr viele soziale Kontakte zu sehr unterschiedlichen Altersgruppen. Allein schon in einer altersgemischten Gruppe von drei- bis sechsjährigen Kindern gibt es altersentsprechend sehr unterschiedliche Bedürfnisse: Windeln wechseln, die Begleitung des Toilettengangs, das Moderieren von Streitigkeiten, das Befriedigen des Forscherdrangs, trösten, vorlesen, Essensituationen entwicklungsfördernd gestalten und vieles mehr. Hinzu kommen die – ebenso berechtigten – Erwartungen seitens der Eltern, der Kollegen, der Auszubildenden und der Leitung. Abgesehen von der inhaltlichen Vielfalt, die sich aus den beruflichen Kontexten ableitet, ergeben sich zahlreiche Anforderungen durch die große Altersspanne der Kinder in ihren sehr unterschiedlichen Entwicklungsphasen. Außerdem ist da noch der eigene Anspruch, den pädagogische Fachkräfte an sich selbst stellen.

Es hat schon seinen Grund, dass in den sozialen, helfenden Berufen die **Burnout-Rate** hoch ist. Mehr als genug werden krank, haben Rückenprobleme, essen zu viel Süßes in den Pausen (im Mitarbeiterraum liegt meistens etwas zum Naschen, aber eher selten Obst), sind übergewichtig oder werden ihre Erkältung nicht los (haben sozusagen „die Nase voll“).

Viele pädagogische Fachkräfte nehmen die Probleme aus der Kita „mit nach Hause“ und wälzen sie dort weiter. „Das geht doch so nicht, ich muss doch irgendetwas tun können! Das Kind kommt sonst unter die Räder.“ „Also, wie die Kollegin Petra sich heute aufgeführt hat, das geht ja gar nicht!“ Sie diskutieren eventuell in der Familie weiter oder chatten in WhatsApp-Gruppen mit den Kollegen. Dort werden nach Feierabend die beruflichen Themen – manchmal vermischt mit Privatem – weiterbesprochen, es wird über Eltern oder auch Teammitglieder gelästert. Das macht einen klaren Schritt in die Freizeit schwierig.

Um in diesem Beruf langfristig erfolgreich und gesund zu bleiben ist, u. a. eine Trennung von Berufs- und Privatleben unbedingt erforderlich. Dies beinhaltet eine Abgrenzung an verschiedenen Stellen. Viele denken bei Abgrenzung an Gleichgültigkeit: „Aber es kann mir doch nicht egal sein, was das Kind zu Hause durchmachen muss.“ Richtig, das geht eine pädagogische Fachkraft etwas an. Es betrifft sie aber im beruflichen Kontext und nicht als Privatperson. Das ist sicher manchmal schwer zu trennen und gleichzeitig ist es unbedingt notwendig.

Eine gesunderhaltende Maßnahme ist die sog. **distanzierte Anteilnahme** (vgl. Driller, 2008, S. 16). Sie beschreibt die Fähigkeit, einerseits Anteil zu nehmen und gleichzeitig bei sich und den eigenen Gefühlen und Empfindungen zu bleiben. Auf diese Weise können Gefühle und Bedürfnisse aller Art von den Menschen in der Umgebung wahrgenommen, ohne von diesen überrannt oder völlig vereinnahmt zu werden. Nur so bleiben pädagogische Fachkräfte handlungsfähig. Sind diese vom Leid – beispielsweise eines missbrauchten Kindes – zutiefst berührt und geschockt, dann können sie dem Kind nicht mehr pädagogisch unterstützend beistehen. Sie sind viel zu nah am verzweifelten Kind und leiden mit ihm. So können sie ihm keine Hilfe sein, denn durch ein Zuviel an Nähe verlieren sie den Überblick. Um ein fachlich fundiertes und im Sinne des Kindes lösungsorientiertes Vorgehen zu planen, brauchen Pädagogen einen klaren Kopf. Und den behalten sie nur, wenn sie Mitgefühl haben und dieses aus einer professionellen Distanz heraus zeigen. Wenn sie eine distanzierte Anteilnahme zeigen, ist es übrigens auch für denjenigen, der in Not ist, leichter, über seine Probleme zu sprechen. Denn die Betroffenen spüren, dass sie ihr Gegenüber als Zuhörende nicht belasten. Die meisten Menschen wollen niemanden mit ihren Problemen belasten und schweigen deshalb. Oft finden sie dann keine Lösung und verharren in dem vertrauten Verhalten, manchmal in der Hoffnung, ihre Probleme lösten sich von selbst. Somit ist es für beide Seiten von Vorteil, wenn die pädagogische Fachkraft eine professionelle Distanz wahrt und dabei gleichzeitig empathisch ist.

Im Folgenden werden einige Beispiele aus dem Kita-Alltag aufgeführt und ein mögliches Vorgehen skizziert.

Fallbeispiel: Elternabend

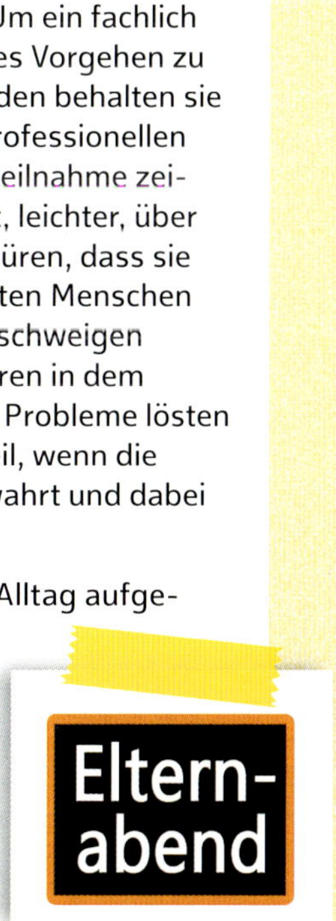

Es ist der erste Elternabend für die neuen Familien, die im Sommer mit der Eingewöhnung starten. Er findet im Juni statt, und die Familien werden über verschiedene grundsätzliche Themen informiert.

Das Team stellt sich vor, der Tagesablauf wird beschrieben und Grundzüge des Konzepts der Kita werden vorgestellt. Unter anderem stellt die Köchin das Ernährungskonzept der Kita vor. In der Kita gibt es Vollverpflegung, also bringen die Kinder kein Essen von Zuhause mit. Herr Soller, Vater des knapp einjährigen Pauls, meldet sich zu Wort: „Mein Sohn darf keinen Zucker essen! Gibt es hier Zucker?" Die Köchin antwortet: „Der Tee ist ungesüßt, aber in manchen Gerichten ist natürlich Zucker enthalten." „Er soll aber keinen Zucker bekommen, zu Hause bekommt er auch keinen."

Nun gibt es mehrere Möglichkeiten zu reagieren:

Variante 1

Die Leiterin fragt: „Ist er denn allergisch? Wenn ja, bringen Sie uns bitte ein Attest vom Arzt. Dann wird Paul selbstverständlich nur zuckerfreie Speisen bekommen."

* Bringt die Familie ein ärztliches Attest, muss die Einrichtung sich an dessen Vorgaben halten. Die Köchin und alle Mitarbeiterinnen werden informiert. Es werden entsprechende Ersatzlebensmittel angeschafft, die der Junge essen darf und die er erhält, wenn es Speisen gibt, gegen die er allergisch ist.

Variante 2

Der Vater antwortet: „Nein, allergisch ist Paul nicht, aber wir wollen nicht, dass er Zucker isst, das ist ungesund."

* Die Mitarbeiterinnen können dem Vater auf dem Elternabend gleich zusichern, dass sein Sohn keine gesüßten Speisen bekommt. Dies ist wahrscheinlich schwer, zu 100 % umzusetzen. Es gibt Geburtstage, zu denen die Kinder Muffins, Kuchen oder Kekse mitbringen und z. B. nach dem Frühstück verteilen. Dann darf Paul davon nichts bekommen und ist ausgeschlossen. Außerdem gibt es auch Gerichte, die mit Zucker angemacht sind wie z. B. Salatsoßen, Milchreis, Pfannkuchen. Marmelade zum Frühstück fiele dann auch weg.
* Durch diese Vorgehensweise öffnen sie weiteren individuellen Wünschen anderer Eltern Tür und Tor. Wenn sie dem einen Wunsch entsprechen, können sie schlecht andere Wünsche ablehnen.

Variante 3

Der Vater antwortet: „Nein, allergisch ist Paul nicht, aber wir wollen nicht, dass er Zucker isst, das ist ungesund."

* Die Gruppenleiterin antwortet: Das würde ich gern mit Ihnen in einem persönlichen Gespräch unter vier Augen besprechen." Vielleicht gibt er sich damit zufrieden. Der Vater aus dem Beispiel hätte auf eine sofortige Zusage bestanden.
* Auch damit öffnet sie weiteren individuellen Wünschen anderer Eltern Tür und Tor. Diese werden ihr Anliegen vermutlich nicht im Rahmen des Elternabends ansprechen, sondern später im Einzelgespräch mit ihr.

Variante 4

Der Vater antwortet: „Nein, allergisch ist Paul nicht, aber wir wollen nicht, dass er Zucker isst, das ist ungesund."

* Die Leiterin beginnt vor Ort eine Diskussion darüber, ob das Anliegen des Vaters durchführbar sei oder nicht. Sie trägt Argumente vor, die dagegensprechen und begründet dies noch mit pädagogischen Gesichtspunkten. Es entsteht eine endlose Diskussion, die anderen Eltern beziehen Position. Eine Lösung ist nicht in Sicht. Pauls Vater verteidigt sein Anliegen gegen alle Argumente und bleibt bei seiner Forderung. Alle sind unzufrieden.

Variante 5

Der Vater antwortet: „Nein, allergisch ist Paul nicht, aber wir wollen nicht, dass er Zucker isst, das ist ungesund."

* Die Leiterin übernimmt das Wort: Herr Soller, ich kann verstehen, dass Ihr Sohn hier keinen Zucker bekommen soll, wenn Sie ihn zu Hause ohne Zucker ernähren. Unser Ernährungskonzept ist in wissenschaftlicher Zusammenarbeit mit einem Ernährungsinstitut entstanden und speziell für Kitakinder entwickelt. Wir verwenden wenig Zucker, schließen ihn aber nicht aus. Zum Beispiel dürfen die Kinder zum Frühstück auch ein Brot mit Marmelade essen. Außerdem bringen Kinder zu ihrer Geburtstagsfeier manchmal Kuchen mit in die Kita. Sie sehen, es gibt wenig Zucker bei uns, und ich kann und werde Ihnen nicht versprechen, dass Paul hier überhaupt keine zuckerhaltigen Lebensmittel bekommt. Ohne ein Attest vom Arzt sehe ich keine Möglichkeit, Ihrem Wunsch zu entsprechen."

* Die Leiterin zeigt Verständnis und weist auf das gesunde Ernährungskonzept hin. Gleichzeitigt zeigt sie klipp und klar die Grenzen auf, indem sie ehrlich bleibt und zum Ernährungskonzept der Kita steht. Durch ihre Ich-Botschaften und klare Aussagen beendet sie die Diskussion, ohne Pauls Vater anzugreifen oder bloßzustellen. Es bleibt seine Entscheidung, seinen Sohn in die Kita zu bringen oder zu versuchen, eine Einrichtung zu finden, die seinem Wunsch nachkommt.

Variante 6

Es gibt noch eine **sechste Variante**, welche durchaus manchmal vorkommt, die aus professioneller Sicht allerdings nicht infrage kommt:

Der Vater antwortet: „Nein, allergisch ist Paul nicht, aber wir wollen nicht, dass er Zucker isst, das ist ungesund."

* Die Leiterin sichert dem Vater zu, dass sein Sohn keine zuckerhaltigen Lebensmittel bekommt. Nach dem Elternabend bespricht sie sich mit den Teammitgliedern: „Natürlich können wir das gar nicht immer verhindern, dass Paul Zucker isst. Er ist ja auch versteckt in Lebensmitteln enthalten. Also, wir machen das so: Wir achten darauf, dass Paul keine Marmelade zum Frühstück bekommt, aber wenn er denn mal etwas mit Zucker isst, dann sagen wir es den Eltern einfach nicht."
* In der Praxis kommt es durchaus manchmal vor, dass Erzieherinnen die Eltern anlügen: z. B. wenn die Eltern wollen, dass ihr Kind mittags nicht schläft und es doch eingeschlafen ist, oder wenn es die Brotdose leer essen soll, dies aber nicht schafft (s. verschiedene Beispiele in diesem Buch). Die Eltern anzulügen ist jedoch keine Option! Im Sinne der Erziehungspartnerschaft und im Sinne Ihrer eigenen Professionalität sollten sich alle Fachkräfte fragen, was sie brauchen, um zu ihrem pädagogischen Handeln zu stehen.

Fallbeispiel: Überrumpelt werden

Sind Sie wieder einmal überrumpelt worden? Manjas Chefin fährt sie in Anwesenheit einiger Eltern auf dem Flur an: „Manja, wie redest du denn mit dem Kind? Das geht ja gar nicht. Nun zieh ihr die Hausschuhe endlich an, wenn sie das doch allein nicht schafft!"

Das passiert den meisten Menschen immer wieder. Sie sind in einer unerwarteten Situation einfach perplex. Die Hilflosigkeit und Ratlosigkeit, der Ärger über sich selbst, darüber dass einem wieder die passenden Worte fehlten – das alles sind unangenehme Gefühle. Man kann es dabei belassen oder aber daraus lernen. Denn so schlecht sich solche Situationen auch anfühlen, sie können sehr lehrreich sein. Wenn alles glatt läuft, ist das sicher angenehmer und trägt dazu bei, das Selbstbewusstsein zu stärken. Wenn jemand aber einen schwierigen Disput, z. B. mit Eltern, gut gemeistert hat, dann stärkt ihn das noch viel mehr. Viele kennen sicher das gute Gefühl, wenn sie eine Herausforderung angenommen und bewältigt haben. Danach sind sie – zu Recht – stolz auf sich und gehen selbstbewusster an die nächste ähnliche Situation heran. Wahrscheinlich gehen sie sicherer und gelassener in den Kita-Alltag und siehe da, es läuft einfacher. Sie gehen Probleme zuversichtlich an und lösen sie dadurch leichter bzw. lassen sie gar nicht erst entstehen oder können sie kleiner halten.

Was tun, wenn doch die richtigen Worte gefehlt haben und man sprachlos war? Auch das wird immer wieder geschehen. Niemand kann sich auf alle Eventualitäten vorbereiten. Manchmal passieren Dinge, mit denen niemand gerechnet hat. In diesen Fällen fehlen meist die Worte, und der Betroffene ist im Moment handlungsunfähig.

Dann ist es gut, sich zurückzunehmen und die Situation in Ruhe zu reflektieren. Oft muss erst einmal bei einem Kollegen „Dampf abgelassen" werden. Das ist auch in Ordnung, wenn es nicht nur dabei bleibt. Schaukeln sich nämlich beide gegenseitig hoch, so kann dies in eine Sackgasse führen. Das Gespräch bringt nur kurzfristig eine scheinbare Erleichterung, denn der Ärger wird ggf. sogar schlimmer: Die Kollegin gibt ihrem Gegenüber recht und stachelt auf diese Weise Wut oder Enttäuschung noch an. Ihr Gesprächspartner bleibt in dem schlechten Gefühl. Es fehlt die professionelle Distanz, mit der eine lösungsorientierte Strategie entwickelt werden kann, um wieder handlungsfähig zu werden.

Sinnvoller ist es, nachdem der Ärger nachgelassen hat, den Vorfall zu analysieren und sich zu fragen, was denn genau dermaßen sprachlos oder erschrocken gemacht hat. Meistens kommen dann Ideen, was in der jeweiligen Situation hätte gesagt werden können.

Es gibt immer eine zweite Chance, z. B. die Person am nächsten Tag anzusprechen und auf die Situation vom Vortag Bezug zu nehmen. Dabei ist es wichtig, dem Gegenüber kurz und sachlich zu sagen, um welche Angelegenheit es geht. Dann wird zunächst das Gefühl der Sprachlosigkeit benannt und anschließend das ausgesprochen, was zu der betreffenden Situation noch zu sagen ist.

Um zum oben geschilderten Beispiel zurück zu kommen:

Manja geht ins Büro und spricht die Leiterin an:

„Margrit, gestern Morgen hast du mich in der Garderobe im Beisein einiger Eltern angesprochen. Ich war gerade mit Celia beim Anziehen der Hausschuhe beschäftigt. Erinnerst du dich?“

„Ja klar, ich kam gerade aus dem Büro.“

„Gut. Ich möchte dir dazu heute etwas sagen. Gestern während des Geschehens war ich total perplex und nicht in der Lage, angemessen auf dein Vorgehen zu reagieren. Inzwischen habe ich darüber nachgedacht und möchte dir nun eine Rückmeldung geben.“

„Okay, dann schieß mal los.“

„Die Anziehsituation mit Celia hatte eine Vorgeschichte, die du nicht kennen kannst. Gern kann ich dir meinen Umgang mit ihr erläutern, wenn du möchtest. Mir geht es jetzt um uns. Du hast mich vor den Eltern und dem Kind gemaßregelt. Das finde ich nicht in Ordnung. Ich fühlte mich vor den Eltern bloßgestellt und fürchte, dass die mich jetzt weniger ernst nehmen. Außerdem fand ich deinen Ton der Situation unangemessen. Ich fühlte mich angegriffen und hatte den Eindruck, du lässt deinen Ärger an mir ab.“

„Oh, das tut mir leid. Ja, ich hatte unmittelbar vorher ein unangenehmes Telefonat. Aber du hast auch sehr unwirsch mit Celia gesprochen!“

„Ja, das hatte ja auch eine Vorgeschichte.“

„Na ja, stimmt schon, vor den Eltern hätte ich das nicht tun sollen. Bitte entschuldige. Ich spreche dich nächstes Mal unter vier Augen an, wenn mir etwas auffällt.“

„Okay. Mir war es wichtig, dir das jetzt zeitnah zu sagen und es aus der Welt zu schaffen.“

Fallbeispiel: Mittagsschlaf in der Kita

Tobias ist zwei Jahre und vier Monate alt. In der Mittagspause von 12.00 bis 14.00 Uhr schläft er meistens eineinhalb Stunden. Nach dem Mittagessen ist er müde, und Erzieherin Jana hat den

Eindruck, dass er den Schlaf braucht. Er lässt sich nur sehr schwer wecken und schläft nach einer Störung oder einem Weckversuch sofort wieder ein. Beim Aufstehen ist er dann fit und munter. Seine Mutter, Frau Lehmann, spricht sie eines Morgens beim Bringen von Tobias an: „Frau Jäger, ich möchte, dass Tobias keinen Mittagsschlaf mehr macht. Ich kriege ihn abends nicht ins Bett, er will einfach nicht einschlafen. Dann ist er bis 21.00 Uhr wach. Das geht so nicht, wir wollen dann endlich Feierabend und unsere Ruhe haben!"

Wie reagiert Jana? Dies hängt davon ab, welche Absprachen es in ihrer Gruppe gibt. Richten sich alle in der „Mittagsschlaf-Frage" nach den Wünschen der Eltern? Werden die Kinder geweckt oder wachgehalten? Wenn ja, muss Jana dem Wunsch der Mutter wohl nachkommen (s. Kap. 2.4, S. 40, Kreis des Einflusses, roter Bereich).

Es gibt wissenschaftliche Untersuchungen zum Schlafbedarf von Säuglingen und Kindern (vgl. Kramer/Gutknecht, 2016). Es gibt einen Schlafbedarf über 24 Stunden, wobei der Nachtschlaf der wichtigere Schlaf bezüglich der Regeneration ist.

Kinder sollen weder wachgehalten noch nachdrücklich geweckt werden. Sie wachen auf, wenn sie genug Schlaf hatten, um sich zu regenerieren. Meistens werden sie spätestens dann wach, wenn die anderen Kinder aufstehen. Ist dies nicht der Fall, dann sollten sie weiterschlafen dürfen. Schlafen sie abends immer schlechter ein, kann es sinnvoll sein, einen Weckversuch zu starten (vgl. Kramer/Gutknecht, 2016, S. 104). Hier ist eine enge Absprache mit den Eltern unabdingbar. Denn es geht um das Wohl des Kindes und nicht um das – wenn auch verständliche – Ruhebedürfnis der Eltern.

Die pädagogischen Fachkräfte sind verantwortlich für das Wohl des Kindes in der Kita (s. das Dreieck der Verantwortung, Kap. 2.3, S. 32). Nicht verantwortlich sind sie dagegen für das Leben des Kindes zu Hause oder den Feierabend der Eltern (s. „Tanzbereiche", Kap. 2.2, S. 27). Deshalb könnten sie der Mutter beispielsweise ganz ruhig antworten:

> *„Ja, Frau Lehmann, ich kann gut verstehen, dass Sie Feierabend haben möchten. Nun ist es so, dass die meisten Kinder in Tobias' Alter den Mittagsschlaf brauchen, um sich zu regenerieren. Wenn nicht, dann schlafen sie gar nicht ein. Ich beobachte bei Tobias, dass er schon beim Mittagessen müde ist, manchmal fragt er sogar, wann er endlich ins Bett darf."*

„Ja, das mag ja sein, aber trotzdem möchte ich, dass Sie ihn nicht schlafen lassen."

„Wissen Sie, wir halten die Kinder hier nicht wach, und wir wecken sie auch nicht auf. Wenn Tobias den Mittagsschlaf hier nicht mehr braucht, legen wir ihn natürlich auch nicht mehr hin. Im Moment schläft er oft eineinhalb Stunden, das zeigt mir, dass er den Schlaf braucht. Ich bin dafür verantwortlich, dass es Tobias hier in der Kita gutgeht. Gern beobachte ich noch einmal genau, ob er mittags wirklich müde ist oder ob ein kürzerer Schlaf ausreicht."

7 Professionelles Verhalten bei herausforderndem Verhalten von Eltern

In jeder pädagogischen Einrichtung gibt es Eltern, die das Personal herausfordern. Im Folgenden werden anhand von Beispielen Möglichkeiten zur sachlichen und professionellen Distanzierung aufgeführt.

EIGENE NOTIZEN

Es gibt etliche Herausforderungen im Kita-Alltag, bei denen sich die pädagogischen Fachkräfte mehr Abstand und Gelassenheit wünschen. Mit einiger Übung kann es immer besser gelingen, eine professionelle Distanz zu wahren, ohne den Eltern oder Teammitgliedern gegenüber gleichgültig zu sein. Durch Erfahrungen und die Reflexion ihres Handelns lernen sie sich selbst immer besser kennen. Ihr pädagogischer Stil festigt sich, wodurch sie zunehmend sicherer werden.

Sie lernen immer mehr, das Berufliche vom Privaten zu trennen. In der Kita sind die Pädagogen in erster Linie als ausgebildete Fachkraft tätig. Natürlich spielen deren privaten Erfahrungen eine Rolle für die Art, wie sie sich im Beruf präsentieren. Und gleichzeitig sind sie dort nicht als Privatperson im Kontakt zu den Kindern, Eltern und Kollegen.
Fühlen sich die Mitarbeiter in der Kita in ihrer Rolle als Erzieherin angesprochen, dann nehmen sie Angriffe, Forderungen und Auseinandersetzungen anders wahr. Sie behalten auf diese Weise eine gewisse Distanz zu sich als Privatperson, zu ihren privaten Gefühlen.

So fällt es pädagogischen Fachkräften leichter zu unterscheiden: Worum geht es den Eltern z. B. mit den Vorwürfen? Diese meinen nicht zwingend Sie persönlich als Erzieherin. Vielleicht gefällt ihnen das Konzept der Kita nicht, eventuell verstehen die Eltern das pädagogische Handeln nicht, möglicherweise machen sie sich Sorgen um ihr Kind oder sie haben sich gerade über jemand anderen geärgert und lassen dies an dem pädagogischen Personal aus. Es kann zahlreiche Gründe dafür geben, dass Eltern ihnen vorwurfsvoll begegnen. Auf keinen Fall sollten sie sich als Privatperson angesprochen fühlen, denn es geht hier um den beruflichen Kontext. Dabei ist das Siezen (s. Kap. 4.4, S. 88) hilfreich, denn es schafft eine gewisse Distanz.

Fallbeispiel

Frau Schmitz macht dem Erzieher Tobias Vorwürfe: „Charleen hat schon wieder keinen Schal und keine Mütze an. Ich habe Ihnen doch schon hundertmal gesagt, sie soll bei dem kalten Wetter nicht ohne rausgehen!“

Er könnte in Versuchung geraten, sich zu rechtfertigen:

> *„Also, Frau Schmitz, Charleen ist ja nicht das einzige Kind in meiner Gruppe. Ich habe schließlich noch 19 andere Kinder, um die ich mich kümmern muss. Und sie ist ja mit 5 Jahren alt genug und zieht sich selbst an. Und so kalt ist es gar nicht."*

Damit ist weder Tobias noch der Mutter geholfen. Durch eine Rechtfertigung beginnt meistens eine fruchtlose Diskussion. Die Mutter fühlt sich unverstanden und könnte aus den Worten heraushören, dass Tobias ihre Tochter nicht im Blick hat. Eventuell hört sie auch heraus, dass er mit so vielen Kindern den Überblick verliert und überfordert ist. Das wäre fatal, denn in diesem Fall könnte Charleens Mutter ihr Vertrauen in Tobias verlieren und würde vermutlich noch mehr darauf schauen, ob ihre Tochter in der Kita auch wirklich gut aufgehoben ist.

Besser ist es, wenn Tobias hinter dem Vorwurf die Selbstkundgabe hören (s. Kap. 3.1, S. 49) und darauf reagieren könnte. Nehmen wir an, Charleen war in der letzten Zeit oft erkältet und ihre Mutter musste auch schon mit ihrem kranken Kind zu Hause bleiben. Es könnte sein, dass Frau Schmitz von ihrem Arbeitgeber unter Druck gesetzt wird: „Wenn Sie weiter so oft fehlen, kann ich Sie nicht behalten, dann muss ich Ihnen kündigen."

Wenn pädagogische Fachkräfte die aufgebrachten Worte mit professioneller Distanz hören und die Selbstkundgabe wahrnehmen, können sie ohne Rechtfertigung reagieren. Hinter den Worten von Frau Schmitz: „Charleen hat schon wieder keinen Schal und keine Mütze an. Ich habe Ihnen doch schon hundertmal gesagt, sie soll bei dem kalten Wetter nicht ohne rausgehen!", hören sie dann die Sorge um ihr Kind und die Angst vor dem Verlust des Arbeitsplatzes. Der Erzieher Tobias könnte sagen:

> *„Hallo, Frau Schmitz. Ja, ich habe gesehen, dass Charleen keine Mütze und Schal anhat. Ich fand es heute warm genug. Machen Sie sich Sorgen, dass Charleen krank wird?"*

Vielleicht antwortet die Mutter: „Ja, natürlich! Sie war so oft krank, und mein Chef hat mir schon mit Kündigung gedroht. Ich darf in der nächsten Zeit einfach nicht mehr fehlen."

> *„Ja, das verstehe ich, Charleen war ja auch viel krank. Soll sie denn auch, wenn es so warm wie heute ist, Mütze und Schal anziehen?"*

„Naja, wenn Sie darauf aufpassen, dass sie warm genug angezogen ist, reicht das ja. Heute ist es ja auch nicht ganz so kalt."

Mit seiner Antwort zeigt Tobias Frau Schmitz, dass er Charleen im Blick hat, sie kann darauf vertrauen, dass ihr Kind wahrgenommen wird. Gleichzeitig wird sie als Mutter mit ihren Sorgen wahrgenommen und verstanden.

Um eine angemessene Distanz und ein professionelles Verhalten den Eltern gegenüber zeigen zu können, ist es also notwendig, „hinter die Kulissen" zu schauen. Es ist gut zu überlegen, was die **Ursache des Vorwurfs** oder Angriffs sein könnte. Meistens haben die Erzieherinnen eine Ahnung, was dahinterstecken könnte. Vermutungen müssen durch Nachfragen abgeklärt werden, denn es könnte ja auch sein, dass sie falsch sind. Dementsprechend fällt dann die Reaktion aus.

Sind die Eltern ärgerlich oder aufgebracht, kann die Frage: „Wen meinen die Eltern? Meinen sie tatsächlich mich?" hilfreich sein.

Ein Tipp, der es erleichtern könnte, in einer schwierigen Gesprächssituation etwas Distanz zu wahren, ist: Drehen Sie sich in Gedanken um, wer steht hinter Ihnen, auf wen zielt der Ärger, den Sie gerade abbekommen? Drehen Sie sich aber wirklich nur in Ihren Gedanken um! Sonst könnte das auf die Eltern befremdlich wirken. Es geht hier um ein (gedankliches) Hilfsmittel, um einen verbalen Angriff nicht persönlich zu nehmen. So können Sie ruhig und in Ihrer Rolle als Erzieherin professionell bleiben.

Fallbeispiel

Leon ist vor kurzem ein Jahr alt geworden. In der Kita ist er gut eingewöhnt. Seine Mutter hat gerade eine Arbeit gefunden und bringt ihren Sohn nun in den Frühdienst. Die Erzieherin Meike bemerkt, dass Leon schlapp ist und ungewöhnlich passiv an einer Stelle sitzt und den anderen Kindern zuschaut. Gegen 10.00 Uhr misst sie seine Temperatur: 38,2 Grad, er hat Fieber.

Meike ruft Leons Mutter an, damit sie ihn abholt. Sie ist etwas ungehalten, weil sie bei ihrer neuen Arbeitsstelle nicht gleich am Anfang fehlen möchte. Aber sie kommt und holt Leon ab. Sie fragt nach, ob in der Kita Medikamente gegeben würden. „Ja", sagt Meike, „allerdings geben wir nur therapeutisch notwendige, heilende Arznei mit einem Attest vom Arzt." Meike rechnet damit, dass Frau Klein ihren Sohn wiederbringen will und fragt bei der Leiterin nach, wie sie in dem Fall vorgehen soll. „Wenn Frau Klein wiederkommt, schickst du sie nach Hause. Leon hat Fieber und muss zu Hause bleiben." Ungefähr eine Stunde später kommt Frau Klein, stellt Leon ab, gibt Meike ein Attest und sagt: „Der Arzt hat gesagt, Leon sei gesund. Das Fieber kommt von den Zähnen. Im Rucksack ist der Fiebersaft, den sollen Sie ihm geben." Frau Klein dreht sich um und geht, während Meike völlig überrumpelt ist. Sie fragt bei der Leiterin nach, was sie jetzt machen solle. Sie kennt es so, dass die Kinder erst nach einem fieberfreien Tag wieder in die Kita kommen dürfen. Die Leiterin recherchiert: Zu der Regelung „einen Tag fieberfrei" gibt es keine schriftlichen Unterlagen oder Anweisungen. Also kann das Kind am nächsten Tag wiederkommen (s. Kap. 2.4, Kreis des Einflusses auf S. 40, roter Bereich). Der Träger sagt: Es können Medikamente verabreicht werden, aber nur heilende Arzneimittel, wie Antibiotika. Mittel, die nur Symptome bekämpfen bzw. unterdrücken – wie Fiebersaft, Hustensaft – dürfen in der Kita nicht verabreicht werden.

Die Leiterin spricht die Mutter an, als sie nachmittags ihr Kind abholen kommt:

„Frau Klein, kommen Sie bitte kurz mit in mein Büro. Ich möchte etwas mit Ihnen besprechen." Im Büro wendet sie sich an Leons Mutter:

> *„Leon hatte heute Fieber und Sie haben ihn abgeholt, waren beim Arzt und haben ihn dann mit Fiebersaft und ärztlichem Attest wieder in die Kita gebracht."*

„Ja", sagt Frau Klein, „der Arzt hat Leon untersucht und nichts festgestellt. Das Fieber kommt von den Zähnen. Er soll Fiebersaft bekommen. Er ist gesund und kann in die Kita. Daher werde ich nicht für ihn krankgeschrieben. Und zu Hause ist das Fieber dann auch wieder weg. Das ist ein Auf und Ab."

> *„Dann brauchen wir ein Attest vom Arzt, dass Leon gesund ist und die Kita besuchen kann. Es ist ja klar, dass Sie dann nicht krankgeschrieben werden."*

„Ich dachte, das Attest für den Fiebersaft reicht."

> *„Nein, das reicht nicht, und ich möchte Sie informieren, dass wir keinen Fiebersaft verabreichen, weil er nur die Symptome unterdrückt und keine heilende Wirkung hat. Und ich habe noch ein wichtiges Anliegen. Lassen Sie auf keinen Fall den Fiebersaft in Leons Rucksack. Da können alle Kinder rangehen. Nehmen Sie ihn bitte gleich mit."*

„Okay, aber was mache ich denn nun? Leon bekommt Zähne und wird öfter Fieber bekommen."

„Ja, das stimmt."

„Und wenn ich dann daheim bin, ist das Fieber weg, das finde ich schon merkwürdig."

„Wenn Sie sagen, es ist zu Hause wieder weg, dann ist das so. Wir rufen Sie nur an, wenn er hier Fieber hat."

„Ich habe eine neue Arbeit angefangen und kann da nicht andauernd fehlen, wenn Leon Zähne bekommt und dadurch mal fiebert."

„Ja, das verstehe ich gut, und gleichzeitig ist es so, dass Sie oder jemand anderes aus der Familie ihn abholen muss, wenn er Fieber hat."

„Aber unsere Eltern leben nicht hier, und wir kennen hier niemand. Was soll ich denn machen?"

„Frau Klein, ich sehe, dass das eine schwierige Situation ist und trotzdem bleibt es dabei, dass Leon, wenn er krank ist, abgeholt werden muss."

Dieser Fall ist hier so ausführlich beschrieben worden, weil hier gut zu sehen ist, dass die Leiterin Verständnis für Leons Mutter zeigt und gleichzeitig bei ihrer Aussage bleibt. Vieles lässt sich auf verschiedene andere Situationen im Kita Alltag übertragen, z. B. kranke Kinder werden gebracht, Kindergartenkinder sollen bestimmte Fertigkeiten beigebracht bekommen, Eltern schaffen es nicht, pünktlich zu sein etc. Außerdem gibt es im Beispiel Anregungen und Beispielsätze für mögliche Formulierungen und die Umsetzung der beschriebenen theoretischen Grundlagen wird gezeigt.

AUFGABE allein

Gehen Sie den Fall noch einmal durch, und ordnen Sie die einzelnen Handlungen, Aussagen und Konsequenzen der Personen den einzelnen Bereichen im „Kreis des Einflusses" (s. Kap. 2.4, S. 40) zu.

AUFGABE im Team

Gehen Sie den Fall gemeinsam noch einmal durch: Wie würden Sie reagieren? Setzen Sie die Personen mit ihren Aussagen oder Handlungen alle einvernehmlich an die gleiche Stelle im „Problemdreieck" (s. Kap. 2.3, S. 32), oder sind Sie unterschiedlicher Meinung? Ordnen Sie nun die Handlungen und die sich daraus ergebenden Folgen dem „Problemdreieck" zu.

Es wird immer wieder passieren, dass Menschen sich nach einem Vorfall, Streit oder Vorwurf über sich selbst ärgern. Es ist sehr sinnvoll, solche „verpatzten" Situationen zu analysieren und die Erkenntnisse der Reflexion zu nutzen, um das Handeln für ein nächstes Mal zu planen. Denn es ist davon auszugehen, dass es eine vergleichbare Situation geben wird, auf die Sie dann vorbereitet sind. Manche haben vielleicht bereits eine Idee, wie sie zukünftig reagieren bzw. was sie sagen könnten. So bleibt der Überraschungseffekt, der sprachlos gemacht hat, aus oder wird abgemildert. Die Ideen für Handlungsalternativen sollten zu der Person passen, da diese sonst nicht kongruent und wirksam umgesetzt werden können.

Fallbeispiel

In der Kita wird der Alltag mit vielen Fotos dokumentiert. Teilweise werden diese ausgehängt, teilweise werden sie im Portfolio der Kinder gesammelt. Alle Eltern haben eine Einwilligung unterschrieben, dass ihre Kinder in der Kita fotografiert werden dürfen. Den Eltern wird von Anfang an angeboten, einen USB-Stick mitzubringen, auf den dann die Fotos ihres Kindes gespeichert werden. Das macht die Erzieherin in der Vorbereitungszeit und gibt dann den Stick ggf. am nächsten Tag an die Eltern zurück. Die Eltern nutzen dies besonders im Sommer, wenn das Kita-Jahr zu Ende geht. Eltern, deren Kind die Einrichtung verlässt, werden beim letzten Entwicklungsgespräch noch einmal explizit auf die Möglichkeit, Fotos auf einen Stick ziehen zu lassen, hingewiesen.

Es ist Ende Juni. Familie Fischer bringt ihren Sohn Claas nur noch unregelmäßig. Die Eltern sind seit Kurzem unzufrieden damit, wie sich die pädagogischen Fachkräfte in der Frage des Trockenwerdens ihres Sohnes verhalten. Abmelden wollen sie ihr Kind aber nicht, falls die

Ersatzbetreuung in der Familie einmal ausfällt. Claas ist drei Jahre alt und wechselt im August in den Kindergarten. Die Situation in der Kita ist in diesem Jahr eine besondere, weil die Kita Ende Juli ganz geschlossen wird, die Möbel werden dann ausgeräumt und die Daten vom PC gelöscht.

Im Juli kommt Claas gar nicht mehr. In der ersten Juliwoche erscheint Frau Fischer überraschend mit Claas in der Kita und packt dessen Kleidung und Gegenstände von der Garderobe ein. „Zufällig" hat sie auch einen USB-Stick dabei und bittet die Erzieherin Tine, die Fotos von Claas mal eben darauf zu ziehen. Es ist 13.45 Uhr, und die Kinder werden gleich ihren Mittagsschlaf beendet haben. Tine hat deshalb nur kurz Zeit und setzt sich gleich an den PC. (Frau Fischer kennt natürlich den Tagesablauf und weiß genau, wann die pädagogischen Fachkräfte mit den Kindern beschäftigt sind. Sie weiß also auch, dass die Kinder nun gleich aufstehen und das Obstessen vorbereitet werden muss.) Leider hat der USB-Stick zu wenig Speicherkapazität für die Fotos von Claas. Tine gibt Frau Fischer daher den Stick zurück mit den Worten: „Die Speicherkapazität reicht leider nicht aus. Bringen Sie doch bitte noch diese Woche einen anderen Stick vorbei, dann ziehen wir die Fotos gern darauf. Am besten kommen Sie mittags gegen 13.00 Uhr, dann ist es am wahrscheinlichsten, dass wir Zeit haben, es gleich zu machen. Oder Sie lassen den Stick hier und holen ihn am nächsten Tag wieder ab." „Okay, das mache ich", erwidert Frau Fischer.

In der nächsten Dienstbesprechung wird diese Situation thematisiert: Tine war überrumpelt, weil Frau Fischer einfach in der Tür stand. Auch dass sie alle Sachen von Claas mitnehmen möchte, hat sie vorher nicht angekündigt. Tine hat ihr noch geholfen, alles zusammenzusuchen, denn auch im Gruppenraum und im Nebenraum des Schlafraums befanden sich noch Sachen von Claas. Bei der Reflexion wird festgestellt: Optimalerweise hätte Tine Frau Fischer gesagt, dass sie die persönlichen Sachen von Claas zusammensucht, die Fotos auf den Stick zieht und anschließend mit Frau Fischer einen Termin zur Übergabe vereinbart.

Im Nachhinein ist es oft leicht, ein sinnvolles Vorgehen und passende Worte zu finden. Im betreffenden Moment kann es aber sein, dass wir perplex sind und daher unüberlegt handeln.

Auf den nächsten Kontakt mit Frau Fischer sind nun alle pädagogischen Fachkräfte vorbereitet. Diesmal lassen sie sich nicht verleiten, Frau Fischers Wünsche sofort zu erfüllen oder abzulehnen.

Frau Fischer erscheint am Freitagnachmittag um 15.50 Uhr mit einem USB-Stick in der Kita. Um 16.00 Uhr ist die Kita geschlossen, was Frau Fischer bekannt ist. Zwei Erzieherinnen, Ella und Suse, sind mit den letzten Kindern im Garten. Sie führen die Übergabegespräche mit den abholenden Eltern. Frau Fischer möchte die Fotos jetzt auf den Stick gezogen haben. Es ist gut, dass Suse und Ella durch die Reflexion während der Dienstbesprechung auf diese Situation vorbereitet sind. Sie reagieren vorbildlich:

> *„Frau Fischer, wir haben jetzt keine Zeit, Sie sehen ja, dass wir die Kinder an die Eltern übergeben."*

„Ja, ich warte eben, dann können Sie die Fotos ja gleich im Büro auf meinen Stick ziehen."

> *„Nein, das geht nicht, die Kita schließt um 16.00 Uhr, wir haben dann Feierabend."*

„Ja, aber Sie haben doch gesagt, dass ich diese Woche wiederkommen soll!"

> *„Ja, das haben wir, und wir haben Ihnen auch gesagt, dass gegen 13.00 Uhr eine gute Zeit wäre. Lassen Sie den Stick doch hier, wir ziehen die Fotos Montagmittag drauf. Dann können Sie ihn am Montagnachmittag wieder abholen."*

„Nein, ich will den nicht hierlassen." Frau Fischer verlässt offensichtlich verärgert die Kita.

Am Montag schreibt Frau Fischer eine Mail und beschwert sich bei der Leiterin. Diese antwortet ihr, dass sie einen Termin machen oder den Stick in der Kita hinterlegen solle. Sie müsse das diese Woche bis Donnerstag tun, weil am Freitag sämtliche Daten auf dem PC komplett gelöscht würden, da dieser abgeholt werde.

Frau Fischer erscheint am Freitag, dem letzten Tag, an dem die Kita geöffnet ist. Der PC ist mittlerweile weg, die Fotos gelöscht. Natürlich hat Frau Fischer die Fotos, die im Portfolio abgeheftet sind. Sie ist erbost. Die Leiterin und alle Mitarbeiterinnen ihr gegenüber ruhig und sachlich. Sie haben alles korrekt angekündigt, sodass die Verantwortung für den Verlust der Fotos bei Frau Fischer liegt.

Ohne die Reflexion und Vorbereitung hätte das Team nicht so sachlich und korrekt reagieren können. Es ist also sehr sinnvoll, problematische Situationen zu reflektieren und ihre Analyse zu nutzen, um alternative Vorgehensweisen zu entwickeln und sich auf ähnliche Vorfälle vorzubereiten.

Reflexion schwieriger Situationen

Jedes Ding hat drei Seiten:
Eine, die du siehst.
Eine, die ich sehe,
und eine, die wir beide nicht sehen.

(Chinesische Weisheit)

Unabhängig davon, wie eine Situation verlaufen ist, sollte diese zur Reflexion genutzt werden. Besonders wenn etwas schiefgelaufen ist, ist es wichtig, den Vorgang zu analysieren. Daraus können Erkenntnisse gezogen, aus den Fehlern gelernt und andere Handlungsschritte abgeleitet werden. Diese sollten entweder im Rollenspiel mit Kollegen geübt oder in der nächsten Konfliktsituation angewendet werden. Diese wird wiederum analysiert, um weitere, bessere Handlungsideen zu gewinnen. Mit jeder gemeisterten Situation werden alle sicherer und stärker. Trotzdem können sie immer wieder mit Situationen konfrontiert werden, die sie aus der Fassung bringen und ihnen andere, neue Grenzen aufzeigen. Jedoch sollten alle diese Herausforderungen nutzen, um weiter zu lernen und zu wachsen (s. Kap. 4.1, S. 76).

Die folgende Checkliste mit verschiedenen Fragen kann bei der Reflexion einer schwierigen Situation hilfreich sein.

Checkliste: Reflexion einer Situation

* Wie ist die Situation verlaufen?
  - Uhrzeit: Wann war die Situation?
  - Ort: Wo waren Sie?
  - Personen: Wer war beteiligt?
  - Gab es Zuschauer/Mithörer?
  - Wie lange dauerte es?

* Was war das Thema?

* Was war der Auslöser?

* Wer hat als Erstes gesprochen?

* Was waren die ersten Worte?

* Welche Wirkung hatten die ersten Worte auf Sie?

* Wie war der Tonfall, die Körpersprache?

* Wie war die Wirkung auf Sie?

* Welche Gefühle hatten Sie? Waren Sie z. B. verärgert, unsicher, enttäuscht, wütend?

* Wie ist die Situation ausgegangen? Haben Sie sich geeinigt, ist alles geklärt? Oder wurde dies auf einen späteren Termin verschoben?

* Haben Sie Ihr Ziel erreicht? Wenn ja, was hat dazu geführt, was war besonders hilfreich, das Ziel zu erreichen?

* Fall dies der Fall sein sollte: Woran haben Sie bemerkt, dass Sie die Lage gut gemeistert haben?

* Wenn nein, was ist passiert, dass Sie es nicht erreicht haben? Hat sich das Ziel verändert? Wodurch sind Sie vom Ziel abgekommen?

* Was hätte Ihnen geholfen bei sich zu bleiben und Ich-Botschaften zu formulieren?

* Was haben Sie Neues über sich erfahren?

* Was haben Sie Neues über die andere Person erfahren?

* Gab es bedeutsame Wendungen?

* Wodurch (z. B. welche Frage, welches Thema) wurden diese verursacht?

* Welche Handlungen leiten Sie aus dem Gespräch ab?

* Wie können Sie Ihre Erfahrungen in anderen Situationen nutzen?

* Was würden Sie beim nächsten Mal anders machen?

* Welche Vorteile hätte ein anderes Vorgehen?

____

____

* Wunschkonzert:
  - unabhängig von allen realistischen Möglichkeiten: Was wäre die optimale Reaktion? Was wären die Sätze, die Sie für am besten geeignet halten?
  - Was bräuchten Sie, um dies umsetzen zu können?

____

____

AUFGABE allein

Suchen Sie sich einen Konflikt oder einen Vorfall aus, der erst kürzlich passiert ist. Was ist Ihnen besonders schwergefallen? Worüber haben Sie sich am meisten geärgert? Was könnten Sie beim nächsten Mal anders machen? Formulieren Sie Sätze, die Sie in ähnlichen Situationen verwenden könnten. Notieren Sie verschiedene Varianten als Beispielsätze.

AUFGABE im Team

Wählen Sie gemeinsam einen Fall, der schon mehreren in dieser Art oder ähnlich passiert ist. Jede/-r sagt, was ihr/ihm in der jeweiligen Situation besonders schwergefallen ist. Suchen Sie gemeinsam alternativen Antworten und Handlungen, mit denen es Ihnen allen bessergehen könnte. Suchen Sie dann zusammen nach Möglichkeiten, wie Sie in der Situation deeskalierend oder lösungsorientiert agieren können.

Ausblick

Dieses Buch sollte Ihnen dabei helfen, einen wichtigen ersten Schritt zu einer professionellen Distanz im Beruf zu tun. Durch die Auseinandersetzung mit den Grenzen und Möglichkeiten in der pädagogischen Arbeit lernen Sie sich selbst besser kennen. Durch Ihre Selbstreflexion finden Sie zu einer immer klareren und sicheren Haltung. Sie fühlen sich wohler, werden selbstbewusster und können gleichzeitig gelassener und freundlich bleiben.

Dieses wirkt sich auch positiv auf das Umfeld aus:
Durch fachlich fundiertes, klares pädagogisches Handeln strahlen Fachkräfte Souveränität aus. Sie zeigen, dass sie ihren Beruf gelernt haben und professionell mit den alltäglichen Situationen in der Kita umgehen können.

* Den Eltern fällt es leicht, ihnen zu vertrauen.
* Die Kinder fühlen sich sicher und können gut eine stabile Beziehung zu ihnen aufbauen.
* Ihre Kollegen lernen sie als zuverlässig und belastbar kennen, weil sie sich angemessen abgrenzen können. Sie schätzen ihre Fachlichkeit und Fähigkeit, auch bei beruflichen Widrigkeiten bei sich zu bleiben und den Überblick zu behalten.

Das klingt nun alles so einfach und auch nach einer erstrebenswerten Haltung. Natürlich ist es erstrebenswert, weil es das berufliche Leben erleichtert und entspannt. Und zwar in erster Linie für Sie selbst und gleichzeitig in der Folge auch für Ihr Umfeld. Missverständnisse werden weniger, falsche Hoffnungen bleiben aus, es gibt mehr Klarheit und Eindeutigkeit.

Manchen Menschen fällt es leicht, Gelesenes umzusetzen. Anderen fällt es leichter, sich den Themen in einem Seminar mit praktischen Übungen zu nähern.
Klar ist auch, dass alle Menschen gern in alte Gewohnheiten zurückfallen. Deswegen ist es gut, wenn Sie dieses Buch eine Weile lang sichtbar liegen lassen. So werden Sie immer wieder an dessen Inhalte erinnert und können leicht einmal ein paar Sätze nachlesen. Wir alle haben viel Zeit in unsere Gewohnheiten gesteckt, damit diese so automatisch ablaufen. Geben Sie Ihren neuen Gewohnheiten ebenso

viel Zeit, sich zu festigen. Es lohnt sich, diese immer wieder auszuprobieren und jede mögliche Situation im Alltag zum Üben zu nutzen. Mit der Zeit wird Ihnen eine angemessene und professionelle Distanz immer leichter fallen.

„Probleme kann man niemals mit derselben Denkweise lösen, durch die sie entstanden sind."
(Albert Einstein)

In diesem Sinne wünsche ich Ihnen viel Erfolg und viel Spaß beim Finden neuer, anderer oder erweiterter Denkweisen.

Zur Autorin

Irene M. Beier, Jahrgang 1958, Diplom Sozialpädagogin und systemische Familienberaterin und seit 1985 in Leitungspositionen in Kitas in Bremen.
Sie ist Buchautorin und seit vielen Jahren bundesweit in Fort- und Weiterbildung tätig.

www.irene-beier.de

Beier, Irene M.: Mit Eltern im Gespräch, Seelze, Klett Kallmeyer Verlag, 2010

Beier, Irene M.: Gespräche auf Augenhöhe, Seelze, Klett Kallmeyer Verlag, 2011

Deutscher Verein für öffentliche und private Fürsorge, 1997 http://www.kasu.lu/kasunoma/eltern-in-der-kita-notwendige-bedingung-oder-unumgaengliches-uebel/

Göttinger Prozesse für Erziehung und Bildung. Copyright Dr. Karl Gebauer, Interview mit Prof. Dr. Claudia Solzbacher, unter www.goe-keb.de/solzbacher_interview/ [15.09.2017]

Gordon, Thomas: Familienkonferenz, München, Heyne Verlag, 1970

Saint-Exupéry, Antoine de: Der kleine Prinz, Freiburg, Herder Verlag, 1985

Juul, Jasper: Die kompetente Familie, Weinheim, Beltz Verlag, 2013

Kaufmann, Rudolf: Die Familienrekonstruktion, Heidelberg, Asanger, Heidelberg, 2000

Kramer, Gutknecht: Schlafen in der Kinderkrippe, Freiburg, Basel, Wien, Herder Verlag 2016

Lief/Fox, in Elke Driller, Burnout in helfenden Berufen, Lit Verlag Münster, 2008

Marshall B. Rosenberg: Gewaltfreie Kommunikation, Paderborn, Junfermann Verlag, 2010

Nussholz, Santosh Ralph: Eigentlich ist nur was für Unklare, unter www.gestaltvision.de/component/content/article.html?id=44:eigentlich [15.09.2017]

Rubenbauer, Alexander: Warum Sie negative Aussagen durch positive ersetzen sollten, unter www.alex-rubenbauer.de/psychologie/876/warum-sie-negative-aussagen-durch-positive-ersetzen-sollten/ [15.09.2017]

Satir, Virginia: Kommunikation. Selbstwert. Kongruenz, Paderborn, Junfermann Verlag, 1996

Systemische Gesellschaft. Deutscher Verband für systemische Forschung, Supervision und Beratung e. V.: Systemischer Ansatz, unter www.systemische-gesellschaft.de/systemischer-ansatz/ [15.09.2017]

Tufts University in Boston (vgl. Psychological Science: When the Truth Is Not Too Hard to Handle: An Event-Related Potential Study on the Pragmatics of Negation) www.dashoefer.de/dasfibuwissen/warum-einfach,-wenn-es-auch-kompliziert-geht, 07.04.2010

von Schlippe, Arist/Schweitzer, Jochen: Lehrbuch der systemischen Therapie und Beratung, Göttingen, 1998

Schulz von Thun, Friedemann: Miteinander reden, Bd. 1 und 2, Rowohlt Verlag, Hamburg, 1998

Watzlawick, Paul: Anleitung zum Unglücklichsein, München, Zürich, Piper Verlag, 1987

SACHWORTVERZEICHNIS

BILDQUELLENVERZEICHNIS

123RF.com, Hong Kong: stylephotographs 95.

Beier, Irene, Lilienthal: 15, 17, 20, 29, 132.

Coniunctum GmbH, Göttingen: 26.

d'Acierno-Imhof, Miriam, Hagen: 76.

Dilly, Nadine, Oberhausen: 115.

Fabiola Quadflieg, Köln: 3, 4, 4, 5, 6, 6, 6, 7, 8, 13, 14, 15, 16, 17, 18, 21, 24, 25, 42, 46, 47, 48, 52, 58, 60, 66, 69, 74, 75, 80, 85, 95, 96, 99, 103, 104, 105, 115, 116, 116, 116, 125, 131.

Fischer, Andreas, Ansbach: Titel, Titel, Titel, Titel, Titel, Titel.

fotolia.com, New York: Dimitar Marinov 28; Gina Sanders 82; Petra Reischl-Zehent 3, 4, 5, 6, 7; Picture-Factory 83.

Getty Images, München: Del Brase, Thomas 98.

iStockphoto.com, Calgary: DGLimages 37.

Jouve Germany GmbH & Co. KG, München: 85, 86.

ketchupbrause, Wolfsburg: 39.

Kurtz, Cornelia, Boppard: 59.

Picture-Alliance GmbH, Frankfurt/M.: akg-images 131.

Prof. Schulz von Thun, Hamburg: www.schulz-von-thun-institut.de 48.

Schlüter, Christian, Essen: 11.

Shutterstock.com, New York: Titel; Diego Cervo 104.

stock.adobe.com, Dublin: Aliaksei Lasevich 25; beermedia 92; Beliakina Ekaterina 97; BRN-Pixel 90; chrismo63 107; contrastwerkstatt 46; creative-tower 71; djama 13, 22; famveldman 117; fiona_toke 99; Gisela Peter 123; Hans-Jörg Nisch 8, 14, 47, 75, 96, 105; hbrh 50; jurgenbrauner 33; Kristin Gründler 112; Lars Zahner 23; marcobir 110; md3d 64; nastia1983 72; Oksana Kuzmina 89; petunyia 38; Photographee.eu 66; PhotoSG 60; Picture-Factory 119; RioPatuca Images 9, 76; Robert Kneschke 74; S.Kobold 43; SENTELLO 52; sonne_fleckl 41; spass 81; Sport Moments 37; st-fotograf 69; Tomsickova 29; VadimGuzhva 55.